2015年度国家社科基金青年基金项目"外汇储备助推实体经济的路径研究"（项目编号：15CGJ020）**成果**
东北师范大学一流学科 —— 统计学"应用统计教育部重点实验室"**资助**

外汇储备助推实体经济的路径研究

Research on the Path of
Foreign Exchange Reserve Boosting the Real Economy

王立荣◎著

中国财经出版传媒集团

经济科学出版社
Economic Science Press

图书在版编目（CIP）数据

外汇储备助推实体经济的路径研究/王立荣著．――北京：经济科学出版社，2021.7
ISBN 978－7－5218－2679－1

Ⅰ.①外… Ⅱ.①王… Ⅲ.①外汇储备—作用—中国经济—经济发展—研究 Ⅳ.①F124

中国版本图书馆 CIP 数据核字（2021）第 135029 号

责任编辑：杜　鹏　郭　威
责任校对：王苗苗
责任印刷：王世伟

外汇储备助推实体经济的路径研究

王立荣　著

经济科学出版社出版、发行　新华书店经销
社址：北京市海淀区阜成路甲 28 号　邮编：100142
编辑部电话：010-88191441　发行部电话：010-88191522
网址：www.esp.com.cn
电子邮箱：esp_bj@163.com
天猫网店：经济科学出版社旗舰店
网址：http：//jjkxcbs.tmall.com
固安华明印业有限公司印装
710×1000　16 开　10 印张　160 000 字
2021 年 9 月第 1 版　2021 年 9 月第 1 次印刷
ISBN 978－7－5218－2679－1　定价：59.00 元
（图书出现印装问题，本社负责调换。电话：010-88191510）
（版权所有　侵权必究　打击盗版　举报热线：010-88191661
QQ：2242791300　营销中心电话：010-88191537
电子邮箱：dbts@esp.com.cn）

前　言

黄金曾是国际储备的最主要形式。第二次世界大战后，随着世界经济的发展，黄金的供应相对不足，符合国际储备特性的另外一种金融资产——可兑换国际通货（外汇）开始更多地发挥国际储备的功能。

第二次世界大战后，在"美元荒"的阴影下，国际金融界关注的焦点是外汇储备的充分性问题。由此，对于外汇储备适度规模的研究有了长足进展。随着储备数量的持续增加，最优化外汇储备结构成为新的重要问题，然而由于各国持有外汇储备的币种结构、资产结构等信息的保密性，外汇储备结构优化问题的研究陷入困境。

20世纪90年代以来，金砖国家经济外向型增长导致外汇储备持续增加。储备的充足性问题已退居次要地位，如何有效使用外汇储备成为亟须解决的重要问题。作为世界上持有外汇储备规模最大的国家，中国的货币当局如何创新运用外汇储备，是值得深入研究的难题。在中国经济进入新常态的大背景下，拓宽外汇储备运用渠道，有选择地、逐步用掉部分外汇储备，对于创新外汇储备管理十分重要。中国的巨额外汇储备倘若能够服务于实体经济，则具有十分重要的现实意义。

本书首先对中国外汇储备累积的特殊模式进行分析，并从理论层面论证了外汇储备助推实体经济的机制。进一步地，从传统口径、IMF口径等多个角度考察了中国外汇储备规模的充足性，并得出中国存在超额外汇储备的结论。其次，本书分三章分别辨析"非超额"外汇储备（即合理规模的外汇储备）助推实体经济的路径和超额外汇储备助推实体经济的路径。具体来讲，合理规模范围内的外汇储备首要功能是维持国内金融稳定，为实体经济健康发展提供良好的金融环境；超额储备助推实体经济增长则主要体现于培育国内战略性产业和服务中国对外开放大局。

笔者

2021 年 5 月

目 录

第一章　中国外汇储备累积的特殊模式 ⋯⋯⋯⋯⋯⋯⋯⋯⋯⋯⋯⋯ 1
　　第一节　主要经济体外汇储备的累积模式 ⋯⋯⋯⋯⋯⋯⋯⋯⋯⋯ 2
　　第二节　中国外汇储备的累积模式 ⋯⋯⋯⋯⋯⋯⋯⋯⋯⋯⋯⋯ 12

第二章　外汇储备助推实体经济的理论机制 ⋯⋯⋯⋯⋯⋯⋯⋯⋯ 18
　　第一节　实体经济的概念界定及中国实体经济增长的现状 ⋯⋯⋯ 19
　　第二节　外汇储备规模合理性对实体经济增长的影响 ⋯⋯⋯⋯⋯ 25

第三章　中国外汇储备规模的充足性 ⋯⋯⋯⋯⋯⋯⋯⋯⋯⋯⋯⋯ 40
　　第一节　外汇储备充足性规模的传统口径 ⋯⋯⋯⋯⋯⋯⋯⋯⋯⋯ 41
　　第二节　外汇储备充足性规模的 IMF 口径 ⋯⋯⋯⋯⋯⋯⋯⋯⋯⋯ 45
　　第三节　中国外汇储备规模的充足性及其面临的挑战 ⋯⋯⋯⋯⋯ 57

第四章　"非超额"外汇储备助推实体经济之路径
　　　　　——维持国内金融稳定 ⋯⋯⋯⋯⋯⋯⋯⋯⋯⋯⋯⋯⋯ 76
　　第一节　外汇储备维持金融稳定的理论基础 ⋯⋯⋯⋯⋯⋯⋯⋯⋯ 77
　　第二节　外汇储备与金融稳定——基于中国数据的实证分析 ⋯⋯ 85
　　第三节　外汇储备保障金融稳定的可行机制 ⋯⋯⋯⋯⋯⋯⋯⋯⋯ 99

第五章　超额外汇储备助推实体经济之路径一：
支持国内战略性新兴产业 …………………………………… 105
第一节　战略性新兴产业在中国实体经济中的地位及其存在的问题 ……… 105
第二节　外汇储备支持国内战略性产业的国际经验 …………………… 112
第三节　外汇储备支持国内新兴产业实施机制设计 …………………… 117

第六章　超额外汇储备助推实体经济之路径二：
服务中国对外开放战略大局 ………………………………… 122
第一节　中国的对外开放战略 …………………………………………… 122
第二节　外汇储备服务中国对外开放战略的实施途径 ………………… 130

参考文献 ……………………………………………………………………… 143

第一章

中国外汇储备累积的特殊模式

中国持有的外汇储备数量从 2006 年起超过日本，成为世界上持有外汇储备最多的国家。2014 年 6 月达到最高值——3.99 万亿美元，是日本外汇储备的 3 倍有余，占全球外汇储备的 1/3。根据国家外汇管理局的数据可知，2020 年 1 月，我国官方外汇储备量为 3.12 万亿美元。[①]

中国外汇储备得以累积的主要原因从国际收支的角度来看，是中国持续的经常项目顺差和资本与金融项目顺差的结果。1999～2011 年，中国的双顺差格局导致外汇储备存量急剧增加。2012 年，中国金融账户出现了 360 亿美元的逆差，同年，经常账户顺差为 2 154 亿美元，因此，2012 年中国的外汇储备存量仍然增加了 966 亿美元。2013 年，中国的国际收支状况重新回到双顺差格局，外汇储备存量也相应增加了 4 314 亿美元。尽管自 2014 年起，连续二年中国的非储备性质金融账户出现逆差，尤其是 2015 年和 2016 年，非储备性质金融账户分别出现了 4 345 亿美元和 4 161 亿美元的逆差，直接导致中国的外汇储备存量在两年内减少近 8 000 亿美元，2016 年底，中国的外汇储备存量下降至 30 105.17 亿美元。[②] 2017 年和 2018 年，随着经常账户与非储备性质金融账户的双顺差，中国的外汇储备始终保持在 3 万亿美元以上。

事实上，中国外汇储备累积模式与中国经济近 20 年的强劲增长是分不开的。

[①] 外汇储备相关数据来自国家外汇管理局网站公布的相关数据。
[②] 相关外汇储备的变动数据以及经常账户、非储备性质的金融账户数据均来自国家外汇管理局网站公布的中国国际收支平衡表时间序列数据（BPM6）最新数据。

根据国家统计局公布的数据（见图1.1）可知，中国国内生产总值（GDP）同比增长率在1999～2018年保持了9.09%的平均增长率。尤其是在2008年金融危机之前的2007年，中国国内生产总值同比增长率达到历史最高点（14.2%）。中国经济的持续快速增长吸引了大量外资进入中国，这也是中国能够持续快速累积外汇储备的一个重要因素。

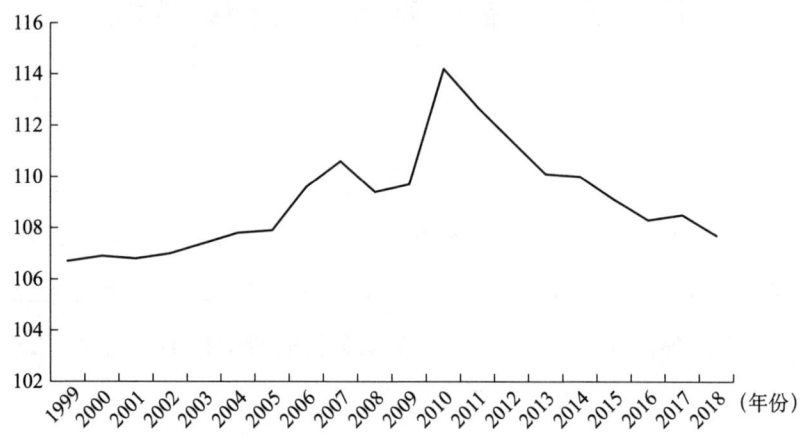

图1.1　1999～2018年中国名义GDP同比增长率

资料来源：国家统计局，上年=100。

尽管自2014年以来中国经济增长进入"新常态"，但即使是6%的年度增长率也仍然高于全球经济增速。中国经济展现出的独有特征，值得学术界从多个维度展开深入研究。本书将从中国外汇储备累积的特殊模式入手，展开进一步分析，主要运用比较研究的方法，将中国外汇储备累积模式与其他经济体进行比较，目的在于挖掘其背后的深层次原因。

第一节　主要经济体外汇储备的累积模式

对于最主要的国际货币如美元等的发行国而言，该国持有外汇储备的意义不大。因为其发行的主权货币本身即为国际货币。以美元为例，在国际金融市场上，美元既是最主要的计价货币，又是最主要的结算货币，基于其计价货币和结算货币的职能，美元也是目前最主要的国际储备货币。但对于美国而言，由于其主权货币就是国际货币，因此，其不需要持有外汇储备。对于各种外部冲击，其本国货币的汇率变动或货币供应量的调整即可应对冲击。然而，对于非国际货币的发行国，储备一定规模的外汇储备是尤为必要的。

因此，下面将对日本、俄罗斯、韩国的外汇储备累积模式进行分析，在与中国外汇储备累积模型比较的基础上，挖掘中国外汇储备累积模式的独有特征。

一、日本的外汇储备累积模式

以日本为例，如果对日本外汇储备规模变化的来源进行详细分解，可以发现，日本的经常账户在2000~2017年始终处于顺差状态（见图1.2），受到2008年国际金融危机的影响，2008~2009年日本经常账户顺差有所下降，但在2010年强劲反弹，之后持续下降，在2014年日本的经常账户顺差达到最低点，仅为36亿美元，在此之后重新回到近2 000亿美元的顺差状态。

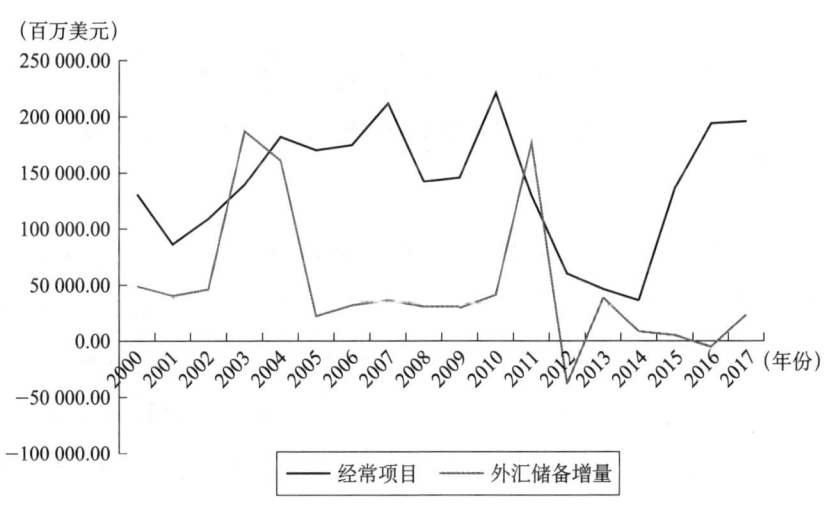

图1.2　2000~2017年日本经常账户余额与外汇储备增量

资料来源：国际货币基金组织IFS数据库（以下简称IFS）。

若将日本的经常账户余额与其外汇储备增量进行对比则可以发现，在日本经常账户持续顺差的年份，对应的外汇储备存量并未始终保持增加，尤其是在2005年日本经常项目大幅度顺差的情况下，其外汇储备仅增加了45.49亿美元；2012年和2016年，日本的外汇储备规模还出现了下降的状态（见图1.2）。也就是说，经常账户的顺差不足以解释日本的外汇储备变化。

从国际收支平衡表的角度来看，"经常账户+资本与金融账户（非储备性质金融账户）+外汇储备增减+误差遗漏=0"，因此，当同时考察日本的经常账户余额与非储备性质的金融账户余额时可以发现（见图1.3），除了个别年份以外（如2003年、2004年、2011年、2013年），非储备性质金融账户均处于逆差状态①，因此，一定程度上冲抵了经常账户顺差。

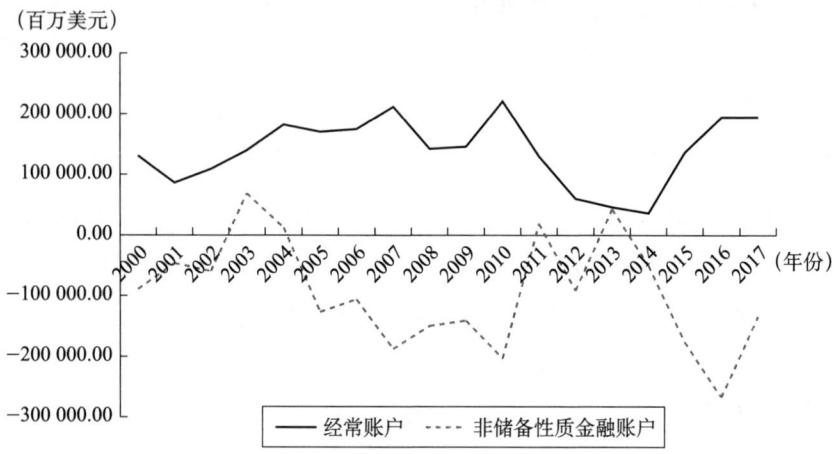

图1.3　2000~2017年日本经常账户余额与非储备性质金融账户余额

资料来源：IFS。

将日本经常账户余额与资本账户、非储备性质金融账户余额（包括直接投资、证券投资、其他投资、金融衍生工具，不包含储备资产）相加②，并与日本的外汇储备增量水平进行对比（见图1.4）可以发现，日本的经常账户、资本账户以及非储备性质的金融账户总和与其外汇储备规模的变化之间高度相关，但并不十分吻合。尤其是在2008~2009年金融危机期间，日本的经常账户、资本账

---

① 国际金融统计（IFS）中，非储备性质的金融账户对应的项为"Balance of Payments, Supplementary Items, Financial Account, Net（excluding exceptional financing）"，该数值为"正号"代表"逆差"，即资本流出，数值为"负号"代表"顺差"，即资本流入。按照国际收支手册BPM6的记录方式可知，非储备性质金融账户余额为正值，表示资本流入，负值表示资本流出，因此，在绘制图1.3时，本章将IFS公布的非储备性质金融账户余额乘以-1。

② 基于国际金融统计（IFS）的原始数据，处理方式是经常账户余额+资本账户余额-非储备性质金融账户余额，对应IFS统计表中"Balance of Payments, Supplementary Items, Current Acct + Capital Acct + Financial Acct"。

户以及非储备性质的金融账户总和大幅度下降,但同期日本的外汇储备资产仍然保持稳定增加的状态,某种程度上体现了日本当局主动增持外汇储备以减缓国际金融危机对本国经济造成的冲击。同样,2014~2016年,日本经常账户、资本账户以及非储备性质的金融账户总和连续三年为逆差,但日本的外汇储备存量仅在2016年下降了53.31亿美元,也就是说,从国际收支平衡表的角度来看,经常账户、资本与非储备性质金融账户余额之和(记作CA+FA)构成了日本外汇储备规模变动的"理论"基础,CA+FA与日本的外汇储备规模变化直接的差额体现在国际收支平衡表中的"误差与遗漏"项,"误差与遗漏"项产生的原因有很多,甚至有研究将"误差与遗漏"项作为资本外逃的代理变量。

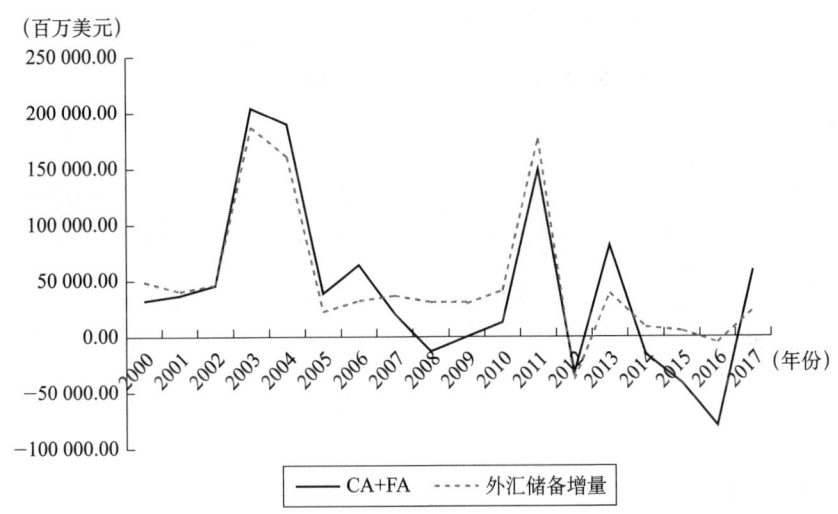

图1.4　2000~2017年日本CA+FA与外汇储备增量

注:CA+FA代表经常账户、资本账户与非储备性质金融账户之和。

资料来源:IFS。

总结日本外汇储备的变化可以发现,日本在2003年以后其外汇储备增量不存在持续上升的态势,这也决定了日本外汇储备规模的累积不会出现急剧增长,而是处于相对稳定的状态。

将日本官方储备(不包含黄金)的存量变化与中国外汇储备存量变化对比可以发现(见图1.5),日本的外汇储备规模自2003年起呈现缓慢上升的状态,从2010年开始则稳定在1.2万亿美元附近。

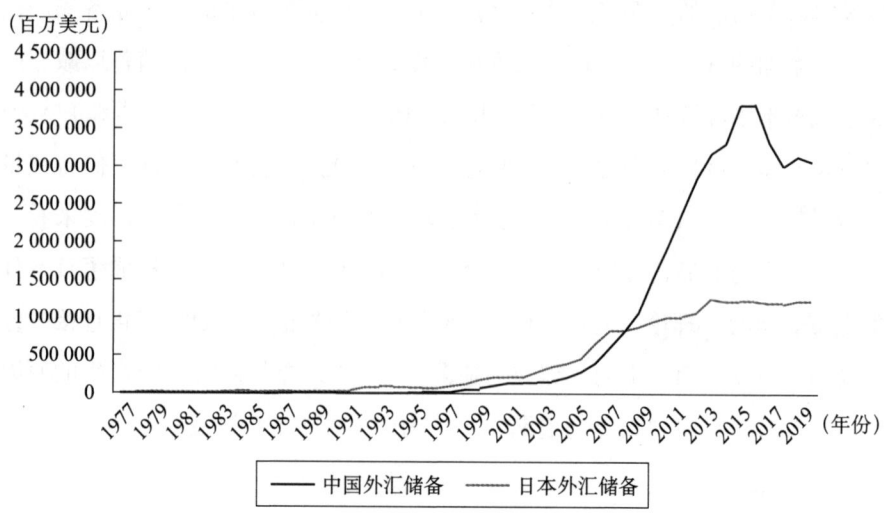

图1.5 1977~2019年中国与日本官方储备对比

资料来源：CEIC。

当然，对于采取浮动汇率制度的日本而言，其所需的官方储备规模较采取固定汇率制度的经济体而言，需求相对较低。而日本经济的持续低速增长（见图1.6），也是导致其资本外流的重要因素之一，金融账户的逆差不利于外汇储备规模的上升。

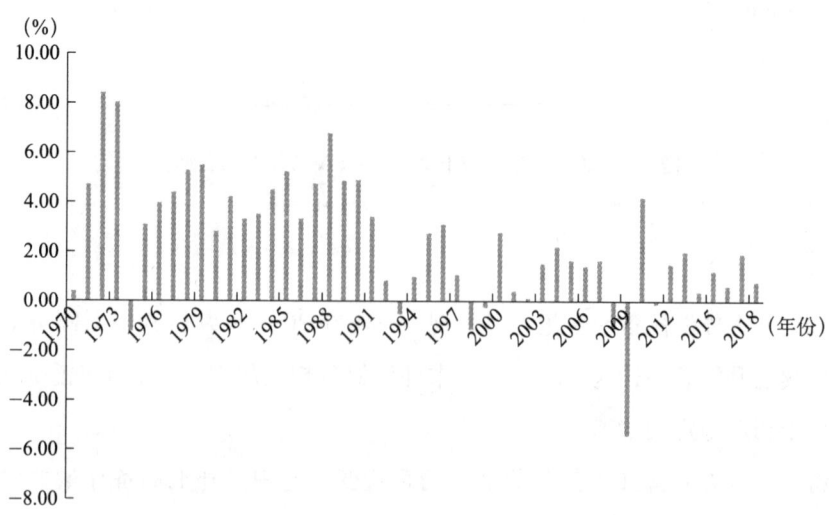

图1.6 日本1970~2018年国内生产总值增长率

资料来源：CEIC。

二、俄罗斯的外汇储备累积模式

在新兴经济体中,以俄罗斯为例,本部分对俄罗斯的外汇储备规模变化的来源进行详细分解,可以发现,俄罗斯的经常账户余额在2000~2017年始终处于顺差状态(见图1.7)。但俄罗斯的外汇储备在2008年大幅度下降,减少了389.19亿美元;2013年和2014年外汇储备也出现了下降状态,尤其是2014年俄罗斯的外汇储备资产减少了1 075.46亿美元;在其他年份,外汇储备增量保持为正。因此,俄罗斯经常账户的顺差无法完全解释其官方储备的规模变化,资本与金融账户的状况值得详细考察。

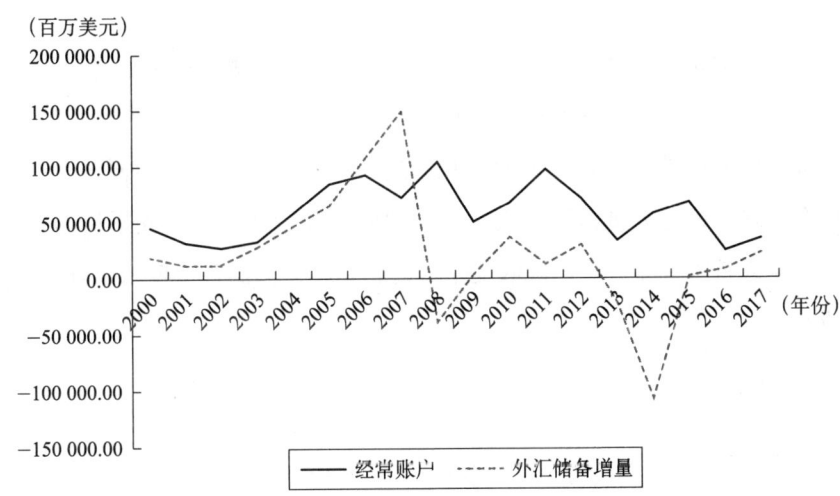

图1.7　2000~2017年俄罗斯经常账户余额与外汇储备增量

资料来源:IFS。

由于非储备性质的金融账户余额通常构成资本与金融账户余额的主要组成部分,因此,图1.8绘制了俄罗斯经常账户与非储备性质的金融账户在近年来的发展状况。数据显示,在俄罗斯经常账户保持顺差的同时,其(非储备性质的)金融账户从2008年金融危机开始始终处于逆差状态,背后的部分原因来自俄罗斯经济不景气导致的外资撤离。

由俄罗斯经常账户与金融账户的综合状况可以预见,2008年国际金融危机以后,俄罗斯的外汇储备规模将难以大幅度增加。图1.9描绘了2000~2017年

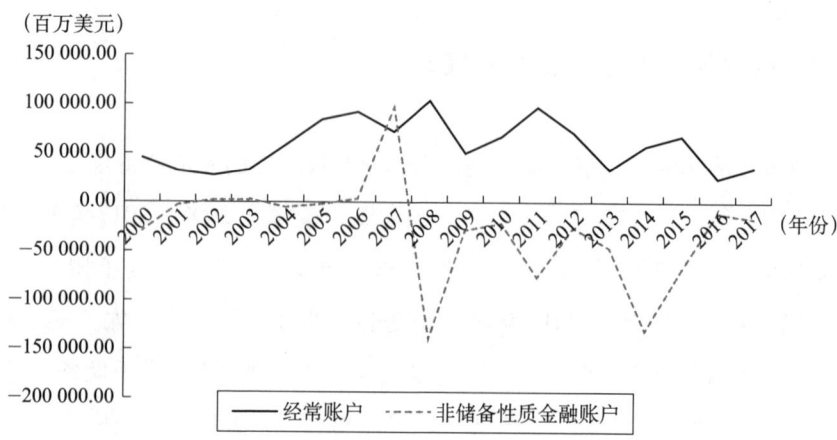

图 1.8　2000~2017 年俄罗斯经常账户余额与非储备性质金融账户余额

资料来源：IFS。

俄罗斯经常账户余额、资本账户余额、非储备性质的金融账户余额之和与外汇储备增量的变化，由数据不难发现，俄罗斯的经常账户与资本和金融账户的变化很好地解释了俄罗斯外汇储备规模的变化，这与日本的情况有所不同。总体来看，俄罗斯金融账户的逆差抵消掉了其经常账户的顺差，从国际收支平衡的角度讲，俄罗斯近年来基本处于一种国际收支平衡的状态，外汇储备规模未出现趋势性的增加或减少。

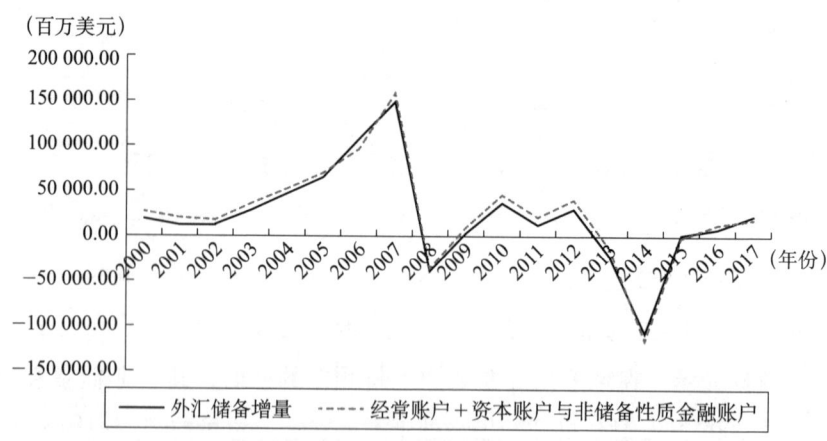

图 1.9　2000~2017 年俄罗斯 CA+FA 与外汇储备增量

注：CA+FA 代表经常账户、资本账户与非储备性质金融账户之和。

资料来源：IFS。

三、韩国外汇储备的累积模式

我们仍然从国际收支的角度分解韩国外汇储备的变化规律。从韩国的经常项目账户状况可以看出,从20世纪80年代到21世纪伊始,其经常账户余额与外汇储备增量均相对处于较低水平;2008年国际金融危机期间,韩国的外汇储备出现大幅度下降,2008年7月单月跌幅达到91.71亿美元,2008年10月、11月更分别下降199.88亿美元和109.04亿美元。从图1.10中两条曲线的背离状况可以发现,韩国经常账户的变化不足以反映外汇储备规模的变化。总体来看,韩国经常账户在大多数时间内保持顺差状态。

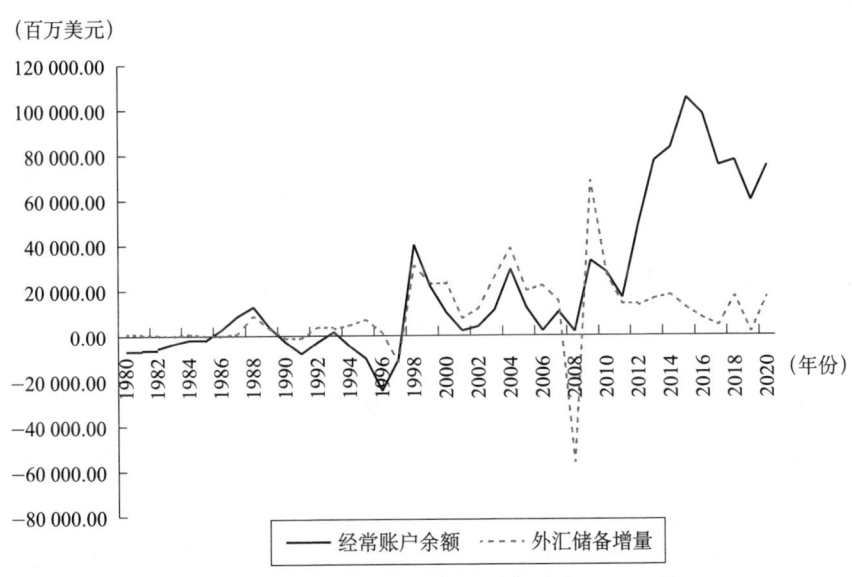

图1.10 1980~2020年韩国经常账户余额与外汇储备增量

资料来源:CEIC数据库。

需要注意的是,根据CEIC公布的韩国国际收支数据可知,金融账户(记作FA)包含5个子项:直接投资、证券投资、金融衍生工具、其他投资、储备资产。资本账户(记作KA)与金融账户、经常账户(记作CA)、误差与遗漏项(记作Error)满足如下关系:$CA - (KA + FA) + Error = 0$。下面的"非储备性质的金融账户"的说法与中国国家外汇管理局公布的国际收支平衡表中的说法保持一致，但由于 CEIC 公布数据的记录方式不同，韩国的"非储备性质的金融账户"等于金融账户余额减去储备资产，符号所代表的含义恰好与中国国际收支平衡表中的数据含义相反，即韩国的"非储备性质的金融账户"余额为正值时，代表资本流出，为负值时，代表资本流入。

当我们同时关注韩国非储备性质的金融账户与经常账户余额时（见图1.11），可以发现，20世纪韩国非储备性质的金融账户余额大多情况下小于0，然而近年来尤其是2012年以后，韩国非储备性质的金融账户呈现正值。根据韩国国际收支数据的特点可知，当非储备性质的金融账户余额大于0时，代表资本流出，而资本流出倾向于使储备资产减少，图1.11中经常账户顺差的部分减去大于0的非储备性质的金融账户余额，可以从国际收支平衡的角度解释储备资产的变动。

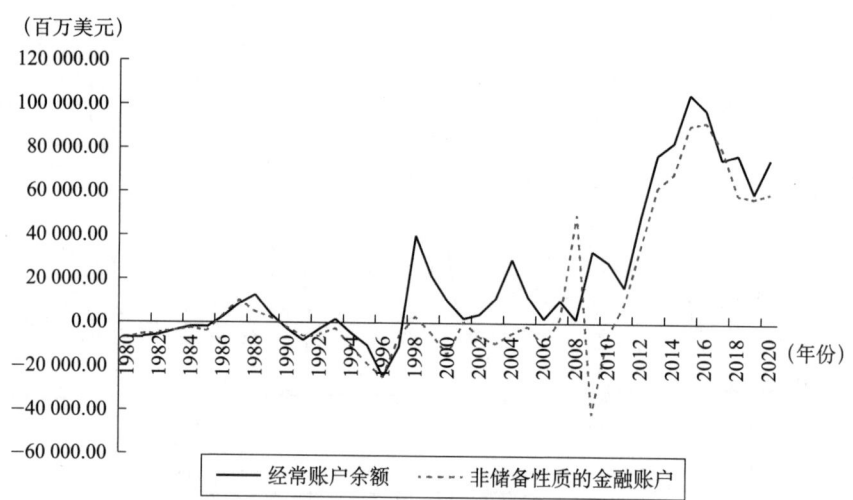

图 1.11　1980～2020年韩国经常账户余额与非储备性质的金融账户余额

资料来源：CEIC 数据库。

事实上，与大多数经济体类似，韩国的资本账户余额变化相对较小，按照国际收支恒等式，在不考虑误差与遗漏项的情况下，储备资产增量＝经常账户余额－（资本账户余额＋非储备性质的金融账户余额）。近年来，韩国的"误差与遗漏"项数值（绝对值）相对较高（见图1.12）。

类似地，我们将韩国的外汇储备规模存量与中国的外汇储备规模存量进行比较（见图1.13），两条曲线从2001年以后，差距逐渐拉大。而2001年中国加入

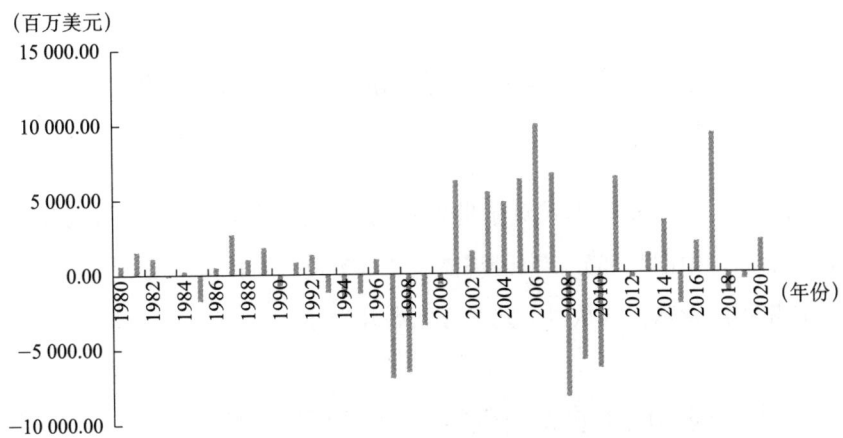

图 1.12　1980～2020 年韩国国际收支误差与遗漏项

资料来源：CEIC 数据库。

了世界贸易组织，中国市场与世界市场之间的联系更加紧密。随着中国经常账户和资本账户的逐步开放，中国国际收支的"双顺差"格局助力外汇储备规模持续大幅度扩大。即使在 2008 年的国际金融危机中，韩国外汇储备规模出现明显下降的情况下，中国外汇储备规模似乎并未受到国际金融危机的影响，仍然保持持续增加的态势，这也是中国外汇储备累积模式呈现特殊性的重要特征之一，后面将对此现象展开进一步分析。

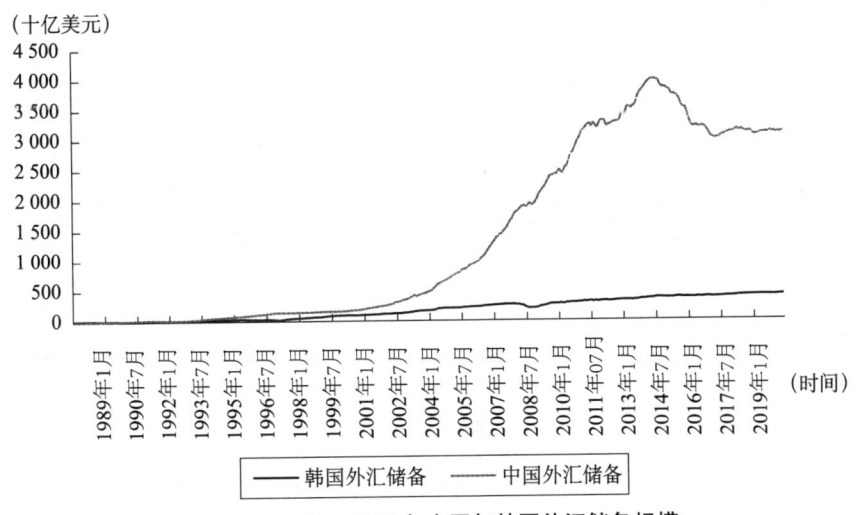

图 1.13　1989～2019 年中国与韩国外汇储备规模

资料来源：CEIC 数据库。

第二节 中国外汇储备的累积模式

中国的外汇储备累积模式对于世界其他经济体而言，是一种极为特殊的模式。通过前面将中国与部分新兴经济体以及日本进行对比分析后，可以针对中国外汇储备累积的特殊模式从以下几个方面展开论述。

一、中国国际收支曾长期保持"双顺差"格局

中国的国际收支曾长期保持一种"双顺差"的格局，其中，经常账户自20世纪90年代以来长期保持顺差状态。经常账户顺差意味着商品与服务的出口大于进口，出口收入大于进口支出，其差额将构成债权型的对外资产，与债务型相对应。因为是债权型的对外资产，所以经常账户顺差构成了中国外汇储备增加的最稳定、最可靠的来源，从图1.14中外汇储备增量与经常账户余额的同步变化可以得出这个结论。

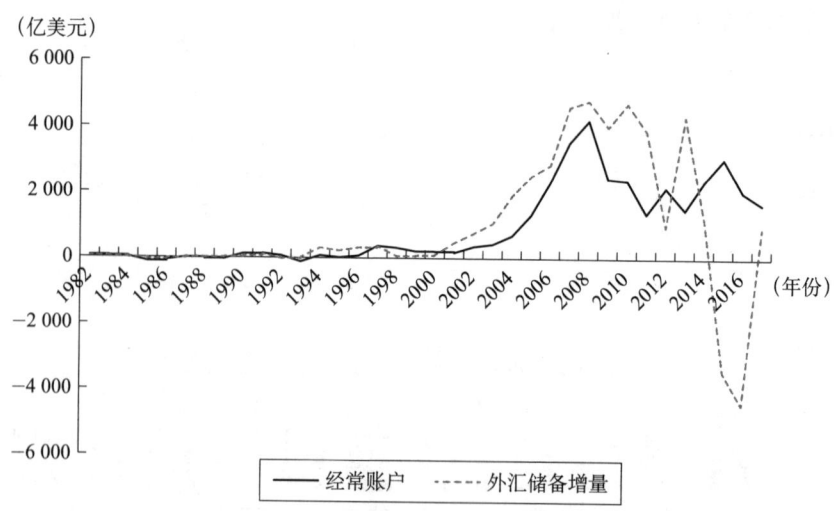

图1.14　1982~2017年中国经常账户与外汇储备增量

资料来源：国家外汇管理局。

另外，中国的非储备性质金融账户余额仅在 2012 年、2014~2016 年才出现了逆差，且波动幅度开始增加（见图 1.15），这与中国的资本账户逐步开放有关，当然，也与中国鼓励国内企业"走出去"密切关联。非储备性质金融账户的变化常常用来分析非官方跨境资本流动，其余额代表跨境资本流动的净额。

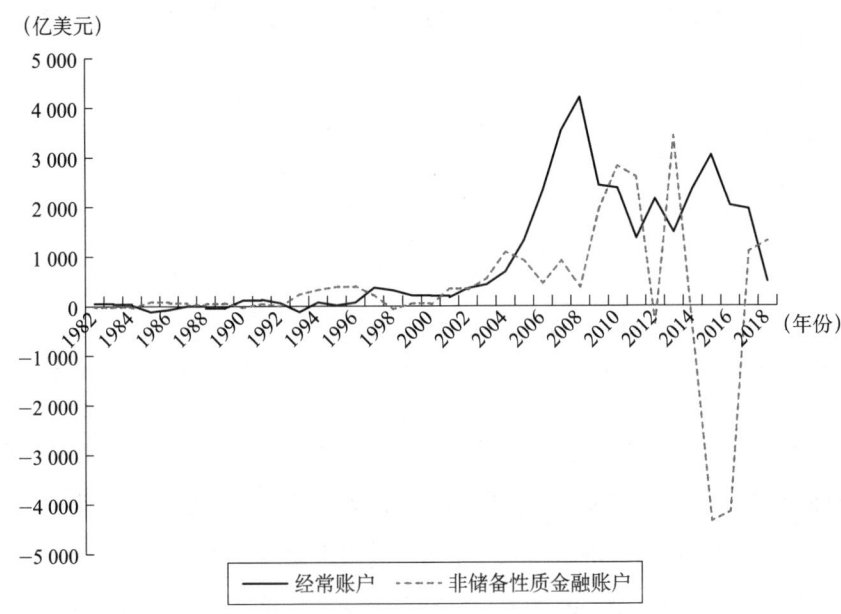

图 1.15　1982~2018 年中国经常账户余额与非储备性质金融账户余额

资料来源：国家外汇管理局。

如果对中国的金融账户进行详细分解，根据国际收支手册第 6 版（BPM6）的条目可知，金融账户包括非储备性质的金融账户和储备资产，储备资产主要指经济体的国际储备，非储备性质的金融账户又包括四个子项，即直接投资、证券投资、金融衍生工具和其他投资。从中国的非储备性质金融账户各子项状况来看（见图 1.16），直接投资在多年来保持顺差状态，仅在 2016 年出现了直接投资账户逆差，且直接投资项目的顺差构成中国（非储备性质）金融账户顺差的主要部分；与非储备性质金融账户余额相比，证券投资的相对份额始终较低；金融衍生工具余额在 2015 年以前始终为 0，2015 年逆差为 21 亿美元，2016 年逆差为 54 亿美元，2017 年顺差为 5 亿美元；其他投资项目在大多数年份呈现逆差，2015

年逆差为 4 340 亿美元,为自 1982 年以来的最大值(绝对值)。

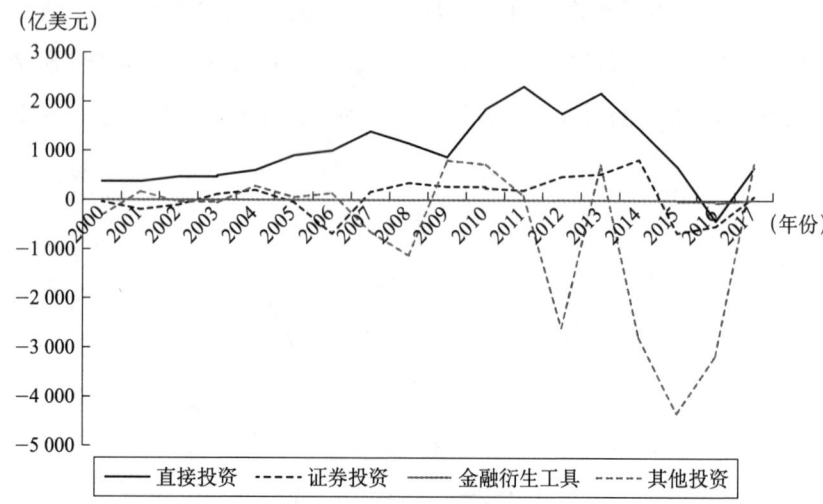

图 1.16 2000~2017 年中国非储备性质金融账户 4 个子项余额

资料来源:国家外汇管理局。

对于中国国际收支持续多年的"双顺差"格局,国内学者曾做过大量讨论。代表性的观点认为:双顺差导致中国的外汇储备持续增加,双顺差表明中国并未利用外国储蓄用于国内投资,相反,中国作为资本输出国持续了十余年;外国利用的国内储蓄恰好是中国的经常项目盈余;流入中国的直接投资(FDI)是由中国储蓄通过迂回的方式提供融资的,FDI 与外汇储备增加是中国出让股权换取外国债权资产的结果,外汇储备的增加是正的家庭和政府的储蓄——投资缺口导致的,是国内储蓄大于国内投资的反映(余永定,2010)。中国国际收支的经常账户、资本与金融账户(不包括储备资产项)之和很好地解释了中国外汇储备规模的变化(见图 1.17),仅在 2015 年、2016 年和 2017 年出现了偏离,这直接体现在这 3 年的"误差与遗漏"项,3 年的"误差与遗漏"项余额分别为 -2 131 亿美元、-2 295 亿美元、-2 219 亿美元。

二、金融危机期间中国外汇储备规模变化呈现独有特征

以上是从国际收支的视角剖析中国的外汇储备规模变化模式,当观察在国际

第一章 中国外汇储备累积的特殊模式

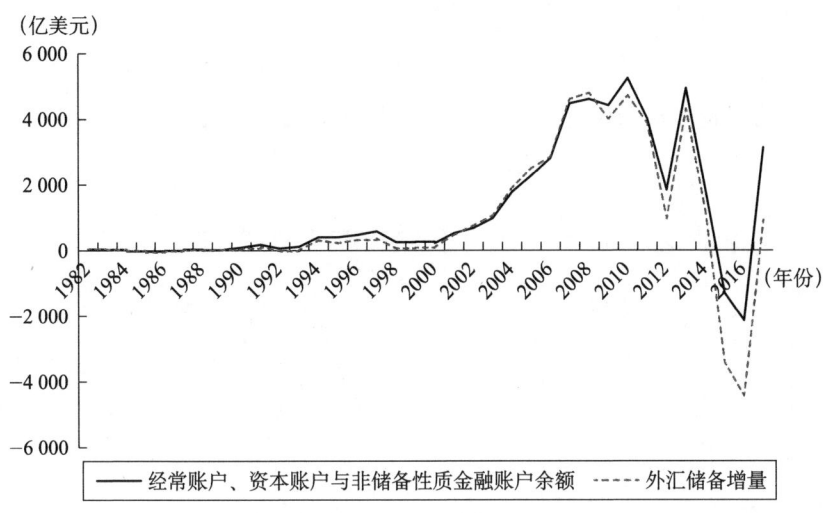

图 1.17　1982~2017 年中国 CA+FA 与外汇储备增量

资料来源：国家外汇管理局。

金融危机期间代表性经济体外汇储备规模变化时可以发现，中国仍然表现出了独有的特征。本章收集整理了日本、韩国、印度尼西亚、俄罗斯等国自 20 世纪 90 年代初至 2012 年的外汇储备规模数据，通过对比发现，在过去发生的两次大规模国际金融危机（1998 年东南亚金融危机、2008 年国际金融危机）期间，日本、韩国、印度尼西亚、马来西亚、俄罗斯等国的外汇储备均出现了先明显下降继而缓慢回升的现象，唯独中国的外汇储备规模在整个时间区间内始终保持增长态势，即使是在全球性金融危机期间跨境资本流动异常波动的时期，依然保持着这种态势。

由于金融危机期间通常出现跨境资本的异常流动，而跨境资本异常流动往往对经济体造成严重的负面冲击，经济体面对这种冲击通常采用资本管制的政策来抑制短期资本异常流动。由辛和藤（Chinn and Ito，2006）构建的衡量经济体资本账户开放程度的指数（Chinn-Ito index，也记作 KAOPEN）显示，在东南亚金融危机爆发期间，韩国、马来西亚、俄罗斯、印度尼西亚等经济体的资本账户开放度均显著下降，由于 Chinn-Ito 指数的构建是基于各经济体货币当局向国际货币基金组织汇报的其对国际交易的法定限制，因此，Chinn-Ito 指数下降表明这些经济体在东南亚金融危机期间加强了资本管制。日本在东南亚金融危机期间的

Chinn-Ito 指数保持常值,并从 2001 年开始等于 1[①],表明日本极高的金融开放度。对于中国而言,Chinn-Ito 指数在 1994~2015 年间始终等于 0.165 697,表明中国对于跨境资本流动始终处于较为严格的管制状态(见图 1.18)。[②]

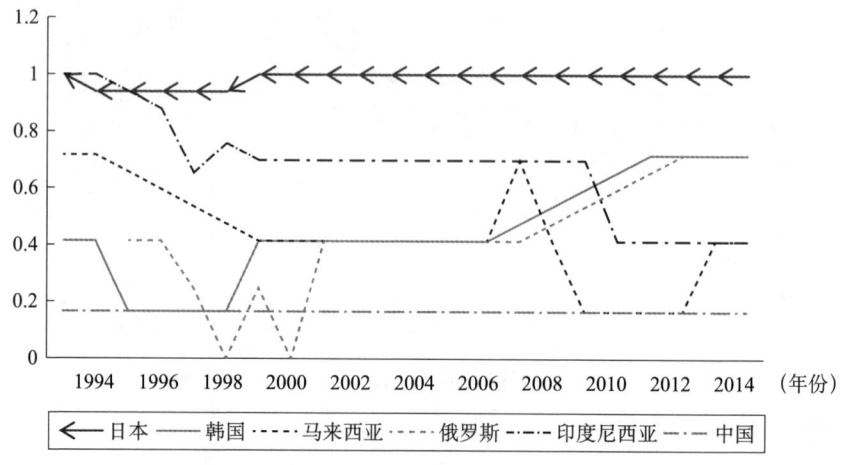

图 1.18　1994~2015 年部分经济体金融一体化程度

注:图 1.18 描绘的是 Chinn-Ito 指数,记作 KAOPEN,用于衡量经济体资本账户开放程度。
资料来源:http://web.pdx.edu/~ito/Chinn-Ito_website.htm。

对于 2008 年国际金融危机,根据 Chinn-Ito 指数可知,只有马来西亚在 2009 年以后降低了其资本账户开放度,印度尼西亚的资本账户开放度是从 2011 年开始下降的。韩国和俄罗斯在 2008 年以后其资本账户开放度则稳步上升。因此,很难用资本账户管制解释各经济体在金融危机期间外汇储备规模的变化。对于中国在外汇储备规模变化方面呈现出的特殊变化模式,仍然有必要分析其更深层次的影响因素。

三、中国外汇储备规模"拉平化"现象不明显

根据国际货币基金组织——国际金融统计公布的数据可知,除了中国以外,日本、韩国、俄罗斯、印度尼西亚、马来西亚等国家在 2008 年金融危机以后,

---

① 美国的 Chinn-Ito 指数在样本期间内始终等于 1,表明美国始终具有非常高的资本账户开放度。
② 日本及中国的 Chinn-Ito 指数值均来自 Chinn-Ito 指数官方网站。

外汇储备规模处于相对平稳的状态，有学者称这种变化为"拉平化"（flattening-out）。对于导致外汇储备规模"拉平化"的原因，比西埃等（Bussière et al., 2015）认为可能基于以下几点：第一，由于持有外汇储备存在机会成本以及相关的风险，因此，一些经济体的外汇储备规模一旦回归到金融危机前的水平，其就会放缓累积外汇储备的速度；第二，外汇储备规模增速下降的另外一个原因可能是政府部门政策偏好（包括货币政策独立性、汇率稳定与金融开放）的改变，因为外汇储备的累积可以被当作缓解"三元困境"的重要政策工具；第三，外汇储备规模的"拉平化"也可能是由于某些宏观经济变量趋于稳定，而该宏观经济变量是影响外汇储备累积的重要因素，例如短期外债。2008年金融危机以后，随着某些经济体短期外债规模的"拉平化"，结合外汇储备充足性指标——外汇储备与短期外债应保持一定比例（通常为100%），外汇储备规模自然会进入"拉平化"模式。

值得注意的是，比西埃等（2015）的研究样本包含了112个发展中国家，但在进行相关数据的模型分析时，将中国作为"异常值"剔除。而事实上，中国的外汇储备规模很难界定是否曾经处于或正处于"拉平化"阶段。即使是在2008年金融危机期间，中国的外汇储备规模仍然保持持续增长，如果2009~2011年可以视为出现了阶段性"拉平化"，那么在2013~2014年又呈现出快速增长的态势，之后外汇储备规模有所回落，自2016年起，外汇储备规模稳定在3万亿美元左右。然而，从目前的研究现状来看，很难断言中国的外汇储备"拉平化"将是3万亿美元的规模。

中国外汇储备累积模式呈现出的特殊性，与中国自20世纪末开始从未发生国内金融危机，这些现象与中国经济展现出的长期稳定增长态势，使中国越来越受到国内外学术界的关注。结合中国经济展现出来的独有特征，本书研究基于已有研究提出以下假设：中国外汇储备的累积模式一定程度上反映了对外汇储备的积极管理，而这种积极管理是保障国内金融稳定的重要条件，进一步地，国内金融稳定为中国经济持续增长提供了良好的金融环境。对于外汇储备与金融稳定的关系，将在第三章和第四章分别从理论与实证两个层面展开探讨。

第二章

外汇储备助推实体经济的理论机制

国际货币基金组织在其2015年的《外汇储备充足性评估报告》(Assessing Reserve Adequacy——Specific Proposals)中明确指出,外汇储备对于大多数经济体而言,在政策工具篮中处于重要位置。通常来讲,在一国货币当局的政策工具篮中,不仅仅包含货币政策、财政政策等传统的政策工具,外汇储备作为政策工具之一,同样发挥着重要的作用。

国际货币基金组织在2015年《外汇储备充足性评估报告》中进一步指出,外汇储备同其他稳健的政策相互配合可以降低经济体发生国际收支危机的概率,保障经济和金融稳定。事实上,利用外汇储备保障金融稳定是外汇储备管理最重要的目标,而金融稳定恰好是一国经济得以持续健康发展的重要保障。然而,要达到外汇储备保障金融稳定的目标,必须评估外汇储备的充足性;倘若一国持有的外汇储备规模不足以应对各种可能的国际收支冲击,那么该经济体发生货币危机、金融危机乃至经济危机的概率将较高。在满足了外汇储备的充足性标准后,超额外汇储备将存在被创新运用的空间,从而可以利用超额储备实现其他宏观经济目标,如推动实体经济增长等。

结合中国经济进入新常态的背景,以及中国经济面临的"实体经济结构性供需失衡""金融和实体经济失衡""房地产和实体经济失衡"这"三大失衡"现状①,本章将先对实体经济的概念予以界定,并分析中国实体经济增长的现状,

---

① 中共中央文献研究室. 习近平关于社会主义经济建设论述摘编[M]. 北京:中央文献出版社,2017.

在此基础上考察外汇储备规模合理性对实体经济的影响；第三章将结合中国的相关经济指标，深入剖析中国外汇储备规模的合理性。根据外汇储备是否达到合理规模这一标准，第四章到第六章将分别辨析"非超额"外汇储备（即合理规模的外汇储备）助推实体经济的路径和超额外汇储备助推实体经济的路径。

第一节 实体经济的概念界定及中国实体经济增长的现状

一、实体经济的概念界定

对实体经济的研究始终是学术界关注的主题之一。对实体经济较早的论述是马克思对"现实资本"与"虚拟资本"的探讨，其认为债权、股票等构成了虚拟资本的主要部分。马克思的论述也代表了一类学者的研究倾向，即将虚拟经济与实体经济相对应，从虚拟经济或泡沫经济的角度探讨其与实体经济的差异。

也有学者认为，应该从产业的视角理解实体经济（黄群慧，2017）。黄群慧（2017）认为，第一产业和第二产业均属于实体经济范畴，第三产业中剔除房产市场和金融市场的产业也都在实体经济范围内。黄群慧（2017）还指出，以制造业为核心，以工业、农业、建筑业为主体的实体经济是技术创新的主要来源，因此，从这个意义上讲，实体经济的发展构成了一国创新生态系统的核心环节。

还有一种代表性的观点，即"金融"与"实体经济"的界限十分模糊，随着"经济金融化"的发展，实际上已经主、客体难辨（李扬，2017）。甚至有学者认为（陈志武，2018），中国的许多实体行业存在产能过剩，而金融的供给在某些方面严重不足。按照经济学的基本原理，应该多配置资源到高边际价值的行业，即金融行业，从而更多地增加社会的整体福利。金融业能够帮助人们摊平收入冲击，在物质消费问题已经解决得比较好的情况下，人们更关注从当下消费转移到未来的方方面面，即社会总福利的增长点在于未来的消费安全，而金融市场恰好能够解决这一问题。

从以上分析可以看出，对于实体经济的概念仍然未形成统一的观点。但综合以往关于实体经济、虚拟经济的研究可以得出以下结论：首先，将实体经济与虚拟经济完全对立是错误的，实体经济与虚拟经济在动态发展中彼此促进，以金融创新为代表的虚拟经济发展在一定条件下有利于促进实体经济的发展。其次，无论对实体经济与虚拟经济界定的范畴如何变化，整体的宏观经济发展目标仍然是不变的，世界上各个经济体追求的经济增长、充分就业、物价稳定等宏观经济目标是一致的。最后，中国经济正处于从高速增长向高质量增长的转变过程中，而创新驱动是未来中国经济发展战略的核心。习近平总书记强调，"要以重大科技创新为引领，加快科技创新成果向现实生产力转化，加快构建产业新体系"①，那么，能够促进科技创新的产业、处于创新生态系统核心环节的产业，将是具有高边际价值的产业，也应该是金融市场重点服务的产业。

本书将实体经济的范围限于争议较小的范畴，从产业的角度来看，实体经济包括第一产业、第二产业，以及第三产业中剔除存在争议的金融业之后的行业，另外，对于房地产业，鉴于业界和政策层将房地产业归类于"广义金融服务业"（张晓朴、朱太辉，2014），因此，本书在对实体经济界定时剔除房地产业。

二、中国实体经济增长的现状

在前面对实体经济范畴界定的基础上，下面对中国实体经济增长的现状进行分析，大体按照三个产业进行划分，选取各产业中的代表性产业作进一步分析。

（一）第一产业增长现状

第一产业是指农、林、牧、渔业。图2.1描绘了1999~2018年中国农、林、牧、渔业总产值的增长状况，数据来自国家统计局官方网站，从图2.1可以看出，农、林、牧、渔业总产值在过去20年间呈现出持续性上涨的趋势（左侧坐标轴）。如果进一步计算农、林、牧、渔业总产值的年增长率则可以发现，2014~2018年该增长率均低于5%。尤其在2009年，农、林、牧、渔业总产值增长率降至3.29%。

---

① 习近平. 深入理解新发展理念 [J]. 求是, 2019 (10).

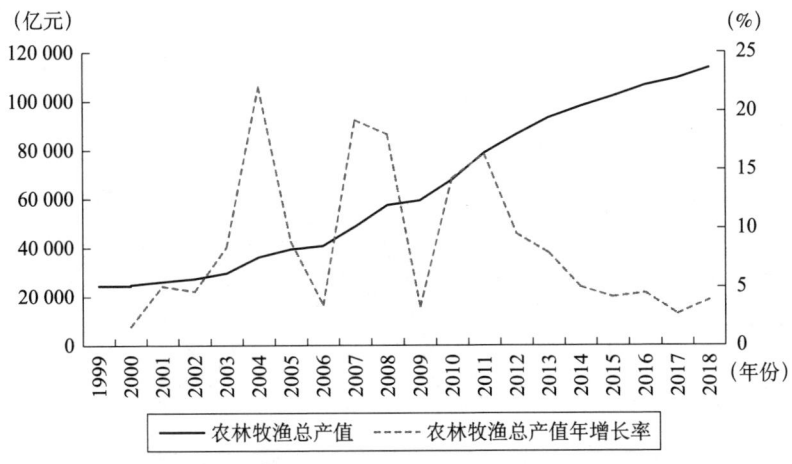

图 2.1　1999~2018 年中国农林牧渔业总产值

资料来源：国家统计局官方网站。

然而，有研究指出，与其他产业相比，我国农业在 2008 年金融危机中受到的冲击相对较小，但全球金融危机对农业的冲击仍然不断加深（涂圣伟、蓝海涛，2011）。随着中国经济进入新常态，第一产业的农、林、牧、渔业年度增长率也处于较低水平，且低于同期中国名义 GDP 增速。这一现象表明，随着中国对外开放程度的加深，第一产业在全球经济尚不明朗的背景下，也深受其影响，尤其是外向型农产品加工企业，其收益严重下滑。相较于其他产业，农业具有生产周期长、大多数农产品具有需求刚性的特点，这也导致农业整体上呈现出脆弱性的特征。如何解决农业的脆弱性问题，是发展中国家面临的重要课题。

（二）第二产业增长现状

根据国家统计局官方网站提供的指标解释可知，第二产业是指采矿业，制造业，电力、煤气及水的生产和供应业，建筑业。另外，国家统计局将工业界定为"从事自然资源的开采，对采掘品和农产品进行加工和再加工的物质生产部门"。因此，工业是第二产业的重要组成部分。

图 2.2 描述了 2000 年 1 月~2019 年 6 月中国工业增加值的同比增长率状况（扣除价格因素），从该图可以看出，工业增加值指标在 2008 年金融危机期间下降幅度较大，随后逐渐回升。自 2014 年起，工业增加值同比增长率稳定在 5%~

7%。2014年5月，习近平总书记首次提出"新常态"来描述新周期中的中国经济。作为实体经济重要组成部分的工业产业，其增加值同样进入"新常态"。

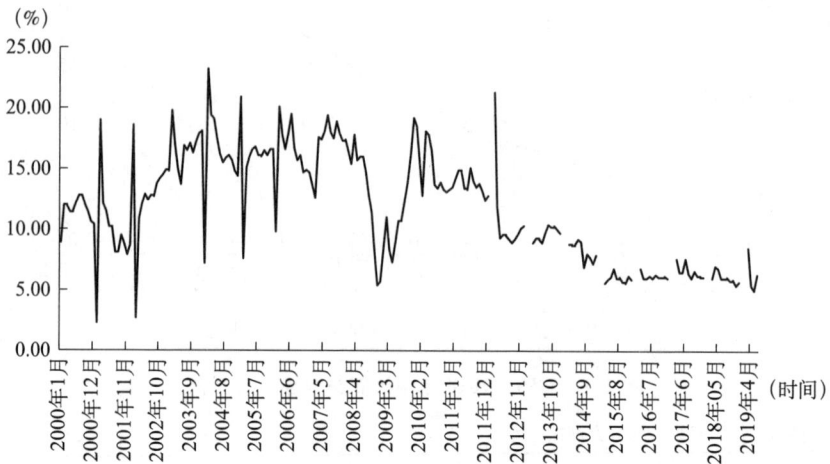

图2.2 2000年1月~2019年4月中国工业增加值同比增长率（扣除价格因素）

资料来源：CEIC数据库。

同属于第二产业的建筑业增加值（见图2.3），2000~2018年呈现总体上涨的态势。但若考察其年度增长率，同样可以发现自2014年起中国建筑业增加值增长率有所下降，尤其在2015年，建筑业增加值较2014年仅增加2.25%。

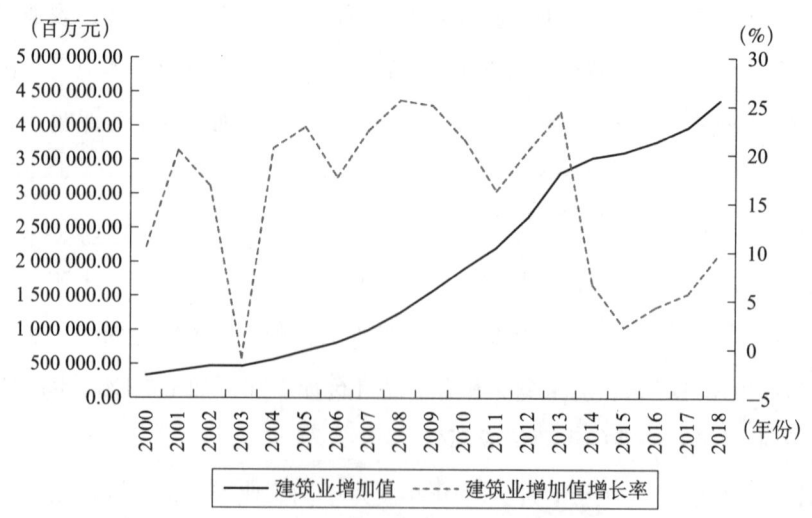

图2.3 2000~2018年中国建筑业增加值

资料来源：CEIC数据库。

有研究表明，处于第二产业的工业是中国增长最快、改革力度最大、开放度最高的部门（金碚，2010）。金碚（2010）指出，工业是中国经济的根基，是中国的产业主体，工业既是传统产业也属于高科技产业；未来建设更为强大的工业，有助于解决我国的城镇化、环境保护及国土治理问题。该研究认为，工业的优化发展是未来我国相当长一段时期内经济发展的重心。

（三）第三产业增长现状

第三产业是指除第一、第二产业以外的其他行业。以下将分别对第三产业中的综合零售业，交通运输、仓储和邮政业，以及住宿和餐饮业的增长现状进行分析。

图2.4描绘了中国1998~2017年综合零售业销售总额及其年度增长率的变化。总体来看，综合零售业销售总额呈现持续增长态势，金融危机期间增速有所放缓，2016年和2017年则出现明显下滑；如果观察综合零售业销售总额的年度增长率指标，则会发现该指标自2010年起基本呈现持续下滑的态势。作为体现内需状况的重要指标，综合零售业的增长状况也从另外一个侧面体现了中国经济进入新常态的现实状况。

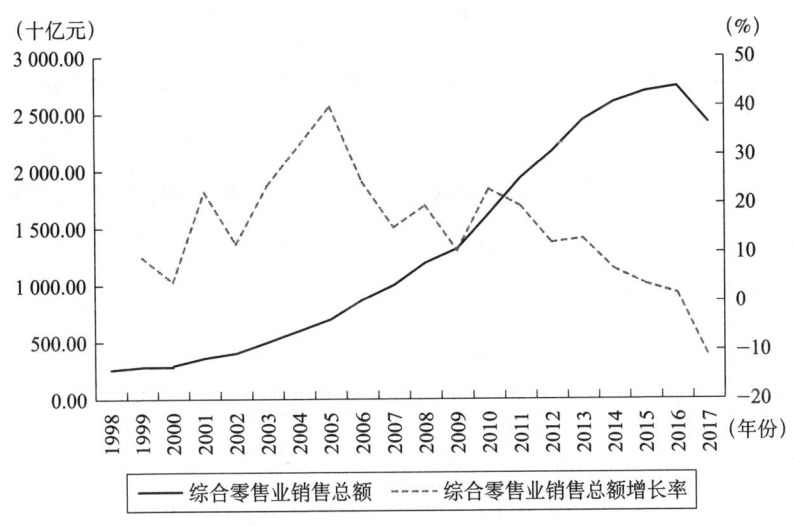

图2.4 1998~2017年综合零售业销售总额及年度增长率

资料来源：CEIC数据库。

对于交通运输、仓储和邮政业而言（见图2.5），其增加值在1999~2018年始终保持持续增长的状态，2018年交通运输、仓储和邮政业增加值达到40 550亿元人民币。当然，受2008年国际金融危机的影响，交通运输、仓储和邮政业增加值在金融危机期间略有下降。如果关注交通运输、仓储和邮政业增加值的年度增长率指标（对应图2.5右侧坐标轴），则可以明显地反映出国际金融危机对该行业的影响，金融危机期间，交通运输、仓储和邮政业增加值年度增长率一度跌至不足1%（2009年交通运输、仓储和邮政业增加值年度增长率为0.95%）。

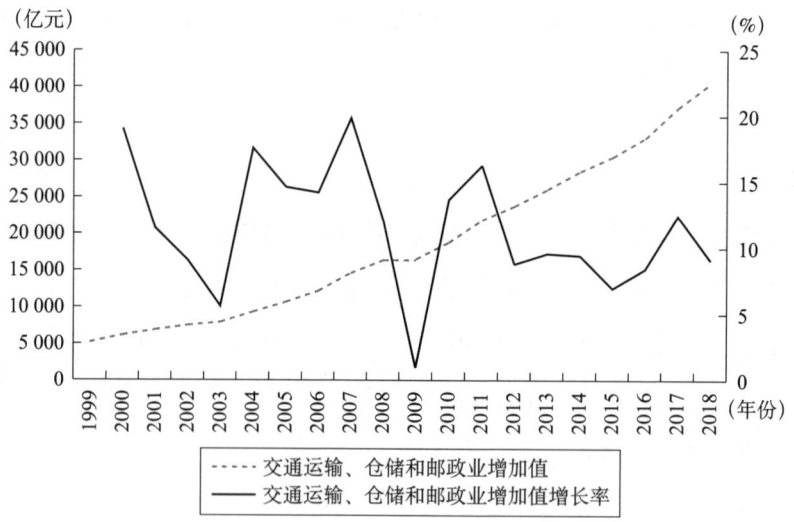

图2.5　1999~2018年交通运输、仓储和邮政业增加值及其年度增长率

资料来源：国家统计局。

住宿和餐饮业增加值自1999年起呈现持续增长态势（见图2.6），2018年住宿和餐饮业增加值达到16 023亿元人民币。类似地，住宿和餐饮业增加值在2008年金融危机期间增速放缓，2009年住宿和餐饮业增加值年度增长率跌至5.12%，之后有所回升，近几年基本维持在9%左右。

综合以上实体经济的代表性产业在近年来的发展状况可以发现，第一产业的农、林、牧、渔业年度增长率处于较低水平，且低于同期中国名义GDP增速；属于第二产业的工业增加值年度增长率在2008年金融危机期间下降幅度较大，随后逐渐回升，自2014年起，工业增加值同比增长率稳定在5%~7%；作为第三产业代表的综合零售业，其销售总额年度增长率指标自2010年起基本呈现持

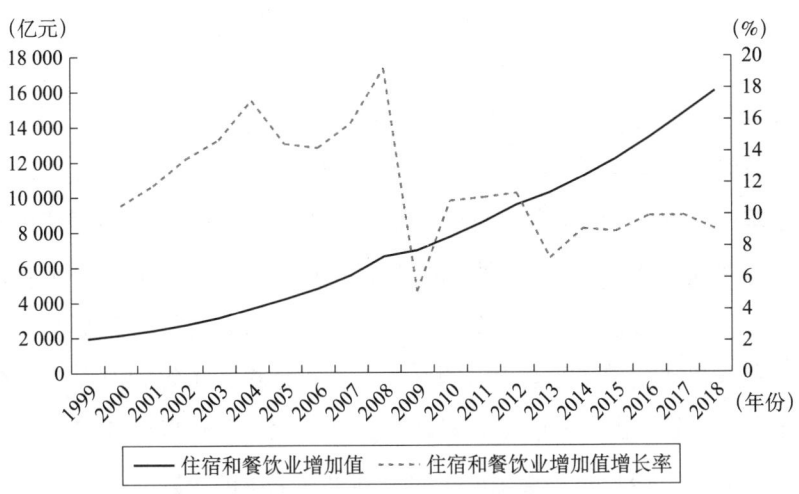

图 2.6　1999~2018 年住宿和餐饮业增加值及其年度增长率

资料来源：国家统计局。

续下滑的态势；交通运输、仓储和邮政业增加值（年度增长率）尽管在金融危机期间一度跌至 0.95%，但之后强劲反弹，近十年的平均增长率高于中国名义 GDP 增速。总体而言，中国的实体经济在全球金融危机负面冲击之后，其增速有所放缓，经济增长速度从高速增长阶段进入中高速增长阶段。

第二节　外汇储备规模合理性对实体经济增长的影响

在实体经济增长的过程中，外汇储备发挥什么样的作用呢？已有研究表明，合理规模的外汇储备是保障实体经济稳定增长的重要工具，外汇储备规模不足会增加经济体爆发货币危机乃至经济危机的概率。以下将针对这两方面的内容展开进一步讨论。

一、合理规模的外汇储备是保障实体经济稳健运行的重要工具

从跨境资本流动的角度来看，外汇储备累积事实上是一种官方资本流动（public flows），而外汇储备累积与经济增长之间有着密切关联。古林查和珍妮

(Gourinchas and Jeanne, 2013) 发现, 经济增速较快的经济体, 其外汇储备累积也较多。成 (Cheng, 2015) 的研究同样陈述了类似的事实, 即累积了大量外汇储备的新兴经济体通常都经历了较为快速的经济增长。

经济持续稳定增长是各国政府和货币当局追求的宏观经济目标之一。在货币当局的政策工具篮中,除了常规的货币政策工具以外,外汇储备也是货币当局能够动用的重要政策性工具。国家外汇管理局官方网站提供的《国家外汇管理局年报2017》①明确指出, "外汇储备是我国宏观经济稳健运行的重要保障。外汇储备在维持国际支付能力、防范金融风险、抵御危机冲击等方面发挥了重要作用""外汇管理部门将……把促进贸易投资自由化便利化以服务实体经济、深化金融体制改革以防控系统性金融风险放到更加突出的位置",《国家外汇管理局年报2017》的相关描述进一步肯定了外汇储备保障实体经济稳健运行的功能。

事实上,外汇储备与实体经济增长(或经济增长)的关系可以以是否发生经济危机为标准,从两个维度展开论述,即非危机时期的外汇储备与实体经济增长,以及危机时期的外汇储备与实体经济增长。

(一) 非危机时期外汇储备促进实体经济增长的内在逻辑

1. 基于一般均衡框架。

在一般均衡模型中,贝尼尼奥和福尔纳罗(Benigno and Fornaro, 2012)分析了经济处于"平静期"(tranquil time)时外汇储备累积促进经济增长的内在逻辑。

贝尼尼奥和福尔纳罗(Benigno and Fornaro, 2012)理论框架的假设包括以下两点:第一,在贸易部门存在知识的外溢,即经济体通过进口与出口的对外贸易渠道可以在"世界知识市场"(international pool of knowledge)获取提高经济生产效率的要素——知识;第二,国内部门在国际信贷市场融资存在信贷约束,这一假设主要考虑到众多新兴经济体经历了资本骤停这一事实。

国内私人部门持有的外国债券与官方持有的外国债券(即官方储备)这两

---

① 《国家外汇管理局年报2017》来自国家外汇管理局官方网站→出版物→国家外汇管理局年报。

种金融资产之间是不完全替代的,即私人跨境资本流动与官方资本流动之间是不完全替代的(imperfect substituability)。这一关键假设的原因之一是国内投资者通常在国际资本市场上面临着借贷约束,这种借贷约束的表现为新兴经济体经历的资本骤停,即跨境资本流入的突然下降,国际资本市场大幅度减少对某些经济体的融资。这一不完全替代的假设与新古典增长模型(neoclassical growth model)的假设不同,在新古典增长模型框架下,官方外汇储备的累积能够被私人资本流入完全抵消。

在以上假设条件下,外汇储备助推经济增长的逻辑可以解释为(见图2.7):若政府部门采取增加外汇储备的政策,则需要从私人部门获取可贸易品(可以视为国际货币的代理变量)以增加外汇储备,即政府部门增加对可贸易品的消费,从而利用可贸易品的国际交易在国际市场上换取更多外汇储备;对应地,私人部门对可贸易品的消费被挤占,根据贝尼尼奥和福尔纳罗(Benigno and Fornaro,2012)理论模型的结论可知,下一期外汇储备存量与当期非贸易品价格之间存在负向关系,即外汇储备的增加与非贸易品价格负相关,在贸易品价格不变的情况下,总体的国内物价水平将下降,这会导致本国实际汇率贬值。而相对较高的贸易品价格会刺激贸易品生产部门的生产,从而增加贸易品生产部门对中间产品的进口。伴随中间产品进口的是包含在外国资本商品中的知识外溢,而知识存量的累积将进一步提高经济生产率。通过这一机制,在非危机时期累积外汇储备的政策提高了整体经济增长率,而且(至少部分地)将贸易部门增长的外生性内生化了。

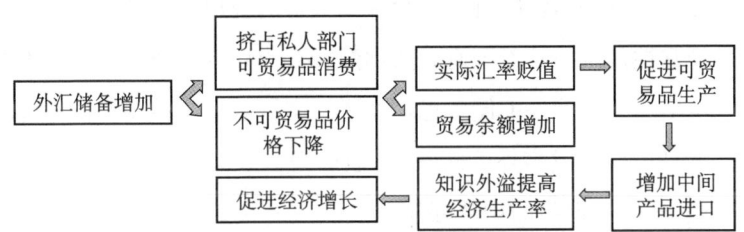

图 2.7 非危机时期外汇储备促进经济增长的内在逻辑

2. 基于国内金融市场发展不足视角的动态开放宏观经济模型。

经济体积累外汇储备的动机可以分为:为了应对某种冲击而作为缓冲资本的

预防性动机（precautionary approach），目的是避免危机发生或者进行危机后的管理，如比安奇等（Bianchi et al.，2012）便提出此论点；干预外汇市场以维持固定汇率制度或者避免本币升值，也称重商主义动机（mercantilist approach）；基于国内的某种结构性缺陷而持有外汇储备，也称结构性动机（structural approach）。基于国内金融市场发展不足视角的动态开放宏观经济模型属于最后一种，即结构性动机。

结构性动机的研究认为，经济体累积外汇储备是其国内储蓄超过国内投资的一种自然结果，正如古兰沙和珍妮（Gourinchas and Jeanne，2013）描述的，这种分配之谜事实上就是储蓄之谜（saving puzzle）。根据古兰沙和珍妮（Gourinchas and Jeanne，2013）的研究可知，国内金融部门的扭曲可能导致国内预防性储蓄，可以从一国提供安全资产的能力或国内公司面临的信贷约束方面来理解这种扭曲。在存在国内信贷约束的情况下，经济中的个体（如企业）需要进行预防性储蓄，从而在国内储蓄与投资之间产生正的缺口，这也是导致资本流出的主要因素之一。

类似地，巴凯塔和本希马（Bacchetta & Benhima，2012）研究了公司面临信贷约束条件下的开放经济模型，在该经济体系中，对于企业而言，对外国债券的需求是对其国内投资的补充而不是替代。其背后的原因是，外国债券构成了信贷约束企业的公司储蓄资产，即使公司的借贷能力受到限制，留存收益也可以用于投资。因此，在快速发展的经济中，对外国债券的需求随着国内资本的形成而增加。宋等（Song et al.，2011）则进一步指出，与国有企业相比，私人企业获得银行贷款的方式受到了诸多限制，这会导致大量的公司进行预防性储蓄，从而导致经常账户经常性盈余。随着国有企业逐渐转变为私有企业，总体上会导致预防性储蓄进一步增加，进而外汇储备也增加了。文（Wen，2011）试图通过研究家庭储蓄来"弄清中国的过多外汇储备"。他认为，未保险的风险很大（例如缺乏健全的社会安全网），严格的借款限制以及收入的快速增长会给新兴经济体带来过多的高家庭储蓄率和大量经常账户盈余。因此，外汇储备积累是一个国家快速追赶经济、金融体系效率低下的自然结果。

需要注意的是，以上研究均未考虑到资本管制可能产生的影响，即以上研究均假定资本自由流动，另外，没有考虑政府或中央银行的行为，这也意味着对于以上研究而言，私人资本流动（private capital flows）与公共资本流动（public capital flows）是完全替代的。也可以说，以上研究关注的是一个经济体的净对外资产变化，而非官方储备资产的变动。在这些模型中，外汇储备只是私人预防性储蓄的副产品，而事实上，央行作为政策执行者很有可能通过增持外汇储备以促进国内资本投资，进而促进国内经济增长（Cheng，2015）。

考虑到已有研究存在的问题，成（Cheng，2015）基于国内金融市场发展不足且私人资本流动与公共资本流动不完全替代的假设，阐述了外汇储备促进经济增长的内在逻辑。

在一个存在国内金融约束的经济体内部，即国内金融发展不足的情况下，国内企业需要留存更多收益作为预防性储蓄（precautionary savings），以满足未来可能出现的投资机会。如果经济体是完全开放的，那么这将导致国内储蓄和投资存在一个差额，即国内储蓄大于国内投资，对应经常账户顺差。然而，如果同时存在资本管制，即国内企业不能自由地进行跨境投资，则国内企业的预防性储蓄将无法以购买国外证券的方式持有。在这种情形下，中央银行将充当金融中介的角色，国内央行可以发行债券，为国内企业的预防性储蓄提供可以购买的国内金融资产，而国内央行则用企业购买债券的资金投资国际金融市场，从而形成货币当局的外汇储备。

当同时考虑商品市场、劳动力市场和金融市场的均衡状态时，企业对投资资本的投入主要来自留存收益和企业贷款，如果利率上升，则企业倾向于增加留存收益，如果利率下降，则企业倾向于贷款融资。因此，资本存量既与收入效应（revenue effect）有关，又与利率的价格效应有关（price effect）。基于信贷约束的模型假设，成（Cheng，2015）的结论认为，资本存量是利率的函数，且该函数为"U"型曲线；央行外汇储备增加，会造成国内的流动性资产供给增加；当中央银行提供经济中稀缺的流动债券时，它将降低流动债券的价格并将国内利率推高；此时，国内利率上升的幅度足够大，保证了利率的收入效应超过了价格效应，企业资本存量与国内利率的关系处于"U"型曲线的上升阶段，利率上升会增加企业的资本存量，从而进一步促进经济增长（见图2.8）。需要注意的是，国内经济增长又有助于企业获得更多利润和留存收益。

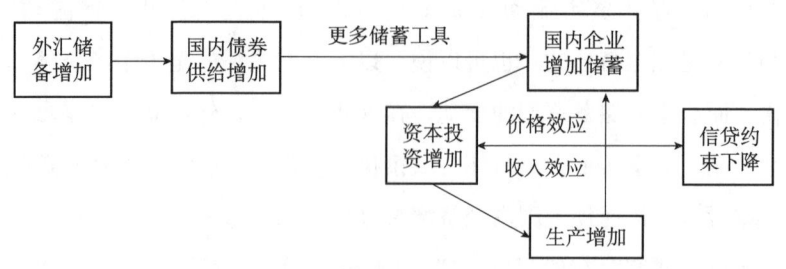

图 2.8 国内金融市场发展不足情况下外汇储备促进经济增长的逻辑

成（Cheng，2015）的理论模型，尤其是理论假设，与中国当前的基本状况较为吻合，因此，该理论有助于进一步理解中国的外汇储备促进经济增长的内在逻辑。在经济转型期间，某些新兴市场经济体可能对流动资产有强烈的需求，以支持国内资本积累。但是，在没有健全的金融市场的情况下，新兴市场经济体的中央银行必须充当金融中介机构，以提供国内流动资产，从而减轻一些国内企业面临的信贷约束。央行债券发行的债券收益以外汇储备的形式在缺乏国内投资机会的情况下投资到国外。事实证明，只有在公共资本流动（外汇储备变化）和私人资本流动不能完全替代的情况下，外汇储备积累才是次优的增长策略。资本管制与外汇储备积累的结合使用，使中央银行可以确保企业留存足够的收益投资固定资本，从而提高国内生产水平。

我们进一步考察中国的债券市场，基于 CEIC 提供的数据，在债券发行方面，政府债券发行量远远高于企业债券，尤其是 2013 年以后。常被称为准政府债券的政策性银行债券的发行量也呈现出趋势线增长的态势，反而是商业银行债券与企业债券的发行规模相对较低。这也在某种程度上反映出企业债券融资方面可能面临的信贷约束。

（二）危机时期外汇储备促进实体经济增长的内在逻辑

金融危机期间，经济体容易发生资本骤停（sudden stop），即资本净流入的突然下降。资本骤停会导致经济体外部融资条件恶化，从而可能对经济增长产生负面影响。

1. 利用外汇储备减缓资本骤停对经济增长的负面冲击。

贝尼尼奥和福尔纳罗（Benigno and Fornaro，2012）在将经济划分为贸易品部门和非贸易品部门的条件下,认为由资本骤停导致的外部融资条件的恶化,会致使贸易品生产部门被迫减少中间产品进口,这将对贸易品生产及整体的经济增长率产生负面冲击。图2.9中实线部分模拟了在危机冲击发生时,政府不干预情形下的经济增长状况和外汇储备变化状况。

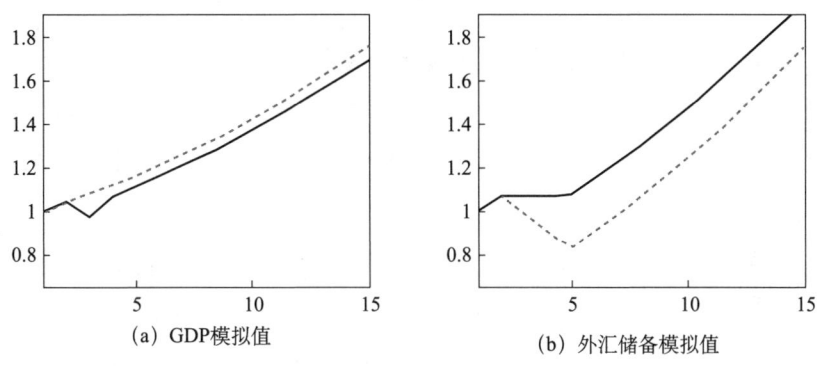

图2.9 危机冲击下经济增长及外汇储备变化模拟

注:转引自贝尼尼奥和福尔纳罗(Benigno and Fornaro, 2012),实线为危机冲击时政府不干预情形下的GDP和外汇储备模拟值,虚线为政府运用外汇储备进行干预情形下的GDP和外汇储备模拟值。

若危机发生时,政府部门利用外汇储备进行干预,即政府部门为国内的私人部门提供流动性以缓冲资本骤停对国内企业生产带来的负面冲击。政府部门为可贸易品生产部门提供流动性会导致外汇储备存量下降,如图2.9(b)中的虚线所示。然而,由于政府利用外汇储备政策的积极干预,经济增长受到的负面冲击将可以被有效吸收,因此,危机期间外汇储备吸收外部冲击,有利于促进经济增长。图2.10整理了危机冲击条件下,外汇储备促进经济增长的内在逻辑。

图2.10 危机时期外汇储备促进经济增长的内在逻辑

在实证方面,考恩和拉达茨(Cowan and Raddatz, 2013)通过研究47个发达国家和发展中国家1975~2005年的样本后发现,高水平的国际储备可以减少资本骤停期间的平均制造业产出下降,这主要是通过减少资本骤停与总产出收缩之间的相关性来实现的。换句话说,在国际储备水平高的国家中,资本骤停不太可能导致衰退,因此,制造业活动的平均下降和差异下降是比较小的。在与衰退相关的资本骤停中,高水平的初始国际储备规模没有起到对经济的平滑作用。尽管如此,实行宽松的货币政策可能有助于减轻资本骤停的影响,既可以减少资本骤停与衰退的相关性,也可以减轻衰退开始后的影响。这些影响在新兴市场和金融欠发达市场中更为明显。

2. 积累外汇储备以降低资本骤停发生的概率。

如果外汇储备能够降低资本骤停发生的概率,那么资本骤停对经济增长造成的负面影响将可以避免。对于外汇储备累积能够降低资本骤停发生的概率,诸多学者给出了理论上的阐述。

在外汇储备最优规模的相关研究中,珍妮和兰西埃(Jeanne and Rancière, 2011)将外汇储备能够降低资本骤停发生概率作为外汇储备的"收益"纳入其目标函数,通过求解代表性消费者效用最大化,探讨了如何理解外汇储备能够阻止经济危机的发生。在珍妮和兰西埃(Jeanne and Rancière, 2011)的研究中,经济体发生资本骤停的概率表示为式(2.1):

$$\pi_t = \pi(\rho_t) \qquad (2.1)$$

其中,ρ_t 为外汇储备与 GDP 的比率,$d\pi_t/d\rho_t < 0$ 表明外汇储备规模越高,发生资本骤停的概率越低,并进一步将此函数作为外汇储备的"收益"纳入其目标函数。需要注意的是,珍妮和兰西埃(Jeanne and Rancière, 2011)对经济体发生资本骤停的概率会随着外汇储备规模的增加而下降这一论述是基于式(2.1)的假设,并未针对这一假设给出更为直接的解释。

卡尔沃等(Calvo et al., 2012)的模型设定与珍妮和兰西埃(2011)略有区别,卡尔沃等没有考虑代表性消费者行为,而是直接研究经济体持有外汇储备的成本函数。该成本函数见式(2.2):

$$L(R) = P(SS = 1 \mid R) K(R \mid SS = 1) + \rho R \qquad (2.2)$$

其中,R 为外汇储备与产出的比例,$P(SS = 1 \mid R)$ 为基于外汇储备规模 R 的资本骤停发生的条件概率,$K(R \mid SS = 1)$ 表示发生资本骤停条件下的产出损失,因此,式(2.2)中第一部分为资本骤停产生的成本,第二部分 ρR 为持有外汇储备的机会成本,这里 ρ 为公共债券利率与持有外汇储备获得的收益率之差。进一步假设资本骤停发生概率和产出损失函数均为外汇储备规模 R 的函数,分别记为 P（SS=1）= F（R），K（SS=1）= K（R），则最优外汇储备规模 R* 为式 (2.3) 的解：

$$R^* = \mathop{\text{argmin}}_{R>0} L(R) = F(R)K(R) + \rho R \tag{2.3}$$

对于资本骤停发生的概率，卡尔沃等（2012）采取估计 Probit 函数的方式予以确定，尤其考虑了国内债务美元化（domestic liability dollarization，DLD）对资本骤停发生概率的影响。

事实上，国内债务美元化对资本骤停发生概率的影响得到了理论和实证方面的支持。在实证方面，卡尔沃等（Calvo et al.，2008）以 1990～2004 年的 110 个发达国家和发展中国家为样本，研究了资本骤停的经验特征（资本骤停可以被理解为系统性动荡时期发生的大规模且意料之外的资本账户收缩），以及资产负债表效应与资本骤停发生的相关性。研究表明，实际汇率的大幅波动与资本骤停密切相关。相对于国内吸收而言，可交易商品的供应量（其作为实际汇率变化的替代变量）、国内银行系统的大量以外币计价的债务即国内负债美元化，是资本骤停发生概率的关键决定因素，其中国内负债美元化以非线性方式影响资本骤停发生概率。

从理论层面，卡尔沃等（2008）通过考察两部门经济，在考虑信贷约束的条件下，通过构建资本流动方程，得到了实际汇率变化的决定公式。在该理论模型的框架下，考虑这样一种情况：经济体遭受某种外生冲击，该冲击从一个国家扩散到其他国家，例如，资本市场交易中现行法规的变化（如追加保证金），这种法规的变化与一国基本面无关，因此为外生冲击。卡尔沃（Calvo，1999）认为，由于一个国家的不利发展状况而给知情投资者带来的流动性冲击可能会触发其他国家投资者出售其投资组合中的资产，以恢复流动性。在此框架中考虑一组不知情的投资者，他们会遇到信号提取问题，因为他们无法观察到知情投资者对其资产的销售是由较低的项目回报率还是由面临的追加保证金推动的。而事实上，面临追加保证金的法规变化，投资者选择减持资产是为了应对流动性冲击。在信息不对称的情况下，不知情的投资者可能会轻易地将知情投资者卖出新兴市场证券或大量资产出售这一事实，认为是回报较低的迹象，并决定放弃其持有的股票。然而，知情投资者对资产的销售是由于追加保证金的法规要求。发生这种情况时，与危机中心国家没有联系的其他国家可能会遭受巨大的意外的流动性冲击，从而通过上述机制使它们的均衡实际汇率上升。因此，如果结果是实际汇率上升的幅度很大且经济体持有较高的外币债务，则银行系统可能会发生大规模破产，从而发生资本骤停。总之，资本骤停发生的概率是国内债务美元化的增函数，国内美元化债务规模越高，发生资本骤停的可能性越大。

需要注意的是，以往研究中忽略了持有外汇储备可能对抵消国内债务美元化所造成的危害的潜在影响，于是，加尔文等（Calvin et al., 2012）在构造发生资本骤停概率函数 [P (SS = 1) = F (R)] 时将国内债务美元化因素进行了处理，具体来讲，从国内美元化债务中减去经济体持有的外汇储备（记作 NetDLD）作为影响资本骤停发生概率的重要影响因素，NetDLD 的值越大，发生资本骤停的概率越大。若其他条件不变，基于 NetDLD 的构造原理，则外汇储备规模越大，NetDLD 越小，发生资本骤停的概率也越小。

二、外汇储备不足将增加金融危机爆发的概率

前面对外汇储备促进经济增长的内在逻辑进行了阐述。值得注意的是，以上讨论限于外汇储备规模高于政府能够接受的"底线"，所谓政府能够接受的"底线"在第一代货币危机理论中曾被给予充分的讨论。然而，外汇储备充足性的问题至今仍未形成统一观点，对于这一问题，本书将在第三章详细讨论。

已有研究表明，若外汇储备规模降低至政府能够接受的最低值，则在发生危机冲击时，政府可能考虑不再进行干预。以 20 世纪 90 年代末发生在泰国的金融危机为例，当索罗斯量子基金攻击泰国的固定汇率制度时，泰国中央银行曾与新加坡联合干预外汇市场以保持汇率稳定，耗费了大量外汇储备，而泰国外汇储备的迅速下降进一步加剧了市场的恐慌情绪，最终泰国中央银行放弃了对外汇市场的干预，而泰国经济也在这次危机中受到严重打击。

另外，值得注意的是，当一国外汇储备规模处于相对较低水平时，也有可能增加经济体发生危机的概率，这种情形下危机冲击被内生化。

对于外汇储备规模能够影响新兴经济体爆发货币危机（或银行危机）的概率这一论题，国际货币基金组织关于外汇储备充足性评估的年报（Assessing

Reserve Adequacy,2015)中给出了量化分析的结果(见图2.11)。从外汇储备相对规模的视角来看,国际货币基金组织的实证研究结果表明,当外汇储备(相对)规模较大时,货币危机发生的概率较低;反之,当外汇储备(相对)规模较小时,货币危机发生的概率较高。

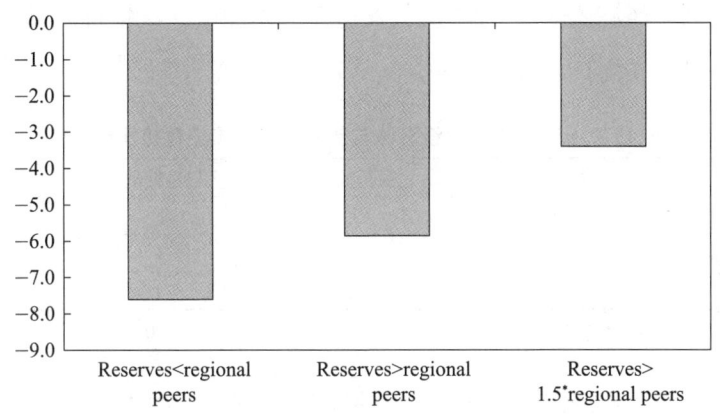

图2.11　外汇储备对货币危机发生概率的影响

注:图2.11转引自外汇储备充足性评估的年报(2015)(Assessing Reserve Adequacy,2015)。

关于货币危机与银行危机关系的相关研究认为,当发生外部冲击时(如资本骤停),国内金融体系的脆弱性有可能在发生银行危机的同时引发本国货币的大幅度贬值,进一步触发货币危机;货币贬值的担忧加剧了银行业的问题(银行业的危机也可能是由自身引起),因为国内货币储户转而使用外汇,这可能是由于当局试图(通常是徒劳地)捍卫货币而提高了利率。如果银行或银行借款人拥有以外币计价的未对冲债务,则货币贬值会扩大银行负债的实际价值,或者通过使银行借款人资不抵债而减少银行资产。而本币大幅度贬值往往与大规模的资本外逃相伴而生,从而进一步增加爆发全面金融危机的概率。

当存在政府干预以担保银行负债,政府购买问题银行资产或为问题银行注入资金时,系统性的银行危机,尤其是在货币贬值加剧的情况下,可能危及公共财政。如果这种影响足够大,政府的这些救助措施可能会将"双危机"演变为"三重危机",即增加了主权违约危机。当然,主权违约危机可能源于简单的财政挥霍,而不是私人部门的金融崩溃。如果政府债务主要是以外币计价,则公共债务违约将成为必然,如果政府公共债务主要是对国内负债,则债务违约可能

(但不必）采取意外通货膨胀的形式。

古兰沙和奥布斯特菲尔德（Gourinchas and Obstfeld，2012）计算了 1970 ~ 2006 年 79 个经济体爆发危机的次数，数据表明（见表 2.1）各类危机更多地发生于新兴经济体，在总计 127 次货币危机中，新兴经济体发生了 84 次货币危机；银行危机在新兴经济体爆发了 57 次，发达经济体发生 5 次银行危机；对于主权违约危机，则均发生在新兴经济体。

表 2.1　　1970 ~ 2006 年发达经济体与新兴经济体爆发危机次数

分组	货币危机	银行危机	主权违约危机	经济体个数
发达经济体	43	5	0	22
新兴经济体	84	57	74	57
总计	127	62	74	79

资料来源：转引自古兰沙和奥布斯特菲尔德（Gourinchas and Obstfeld，2012）。

为什么在新兴经济体爆发各类危机的频率更高呢？古兰沙和奥布斯特菲尔德（Gourinchas and Obstfeld，2012）从 20 世纪新兴经济体的发展经验中总结出以下原因。

第一，政治和经济的不稳定。政治动荡会助长经济动荡，2007 年以前新兴市场经济体经济增长率波动幅度较大恰好印证了这一点。宏观政策往往是顺周期性的，例如，在经济处于衰退期时，政府往往无法采取可预期的政策以分配经济损失，此时通货膨胀成为政治方式无法解决的分配争端的一种良好方法。征税困难会使整体财政状况恶化，这将加剧顺周期性和对通货膨胀的依赖。

第二，金融市场不发达且不稳定。金融市场不发达会出现以下情形：不可靠的合同执行要求依赖相对简单的、对信息不敏感的非临时性金融合同；对股权投资者的不完全保护会导致所有权集中，并限制国内外风险分担带来的收益。同时，政府的限制可能会阻碍金融市场的竞争和创新，从而使关联贷款和其他形式的裙带关系蓬勃发展。缺乏财务深度限制了经济吸收经济冲击的能力。尽管官僚主义的限制比比皆是，但是，由于不透明的会计惯例、腐败和缺乏专业知识，对审慎标准的有效执行常常滞后。政治体制薄弱限制了制止滥用行为所需的制衡。正如有关研究在对拉丁美洲金融不稳定的经典分析中所观察到的那样。

第三，美元化、原罪和货币不匹配。过去经常使用通货膨胀金融的国家，将导致金融合同倾向于以稳定的外币（例如美元或欧元）计价的趋势。这种趋势同时适用于国内合同和外部贷款协议。在后一种情况下，无法以本国货币向外国人借款通常被称为"原罪"。与债权人相比，国内负债美元化相较于其他形式的实际本金保护形式具有重要优势，例如价格水平指数化：取决于政府对通货膨胀衡量或通货膨胀调整时间的判断。不幸的是，负债的美元化很可能会导致国内银行系统的美元空头。因为当突然的货币贬值提高贷款的实际价值时，以美元计价的银行贷款可能导致银行破产。

第四，害怕（汇率）浮动。即使新兴市场并没有官方宣称其采取钉住汇率制度，但新兴经济体比发达国家显示出更少愿意承受名义汇率剧烈波动的意愿。关于"货币战争"的争议证明了人们对急剧升值的担心及其对出口的负面影响，特别是当新兴市场经济体采取金融开放政策并面临资金流入时，许多国家即面临这种状况。近年来，抵制货币升值的干预措施，加上外汇储备增加的不完全冲销，可能会破坏新兴经济体国内的通货膨胀目标，提高资产价格，并使国内信贷水平扩张到危险的程度。对应地，新兴市场经济体同样担心货币会急剧贬值，因为贬值会导致债务通缩（在货币不匹配的情况下）和通货膨胀率的上升。一旦本币开始贬值，借入美元的债务人就可能抛售本国货币，以平仓空头头寸，从而导致进一步的贬值和更大的财务困境。

第五，资本骤停且债务不耐（sudden stops and debt intolerance）。新兴市场经济体很容易受到外国贷款突然停止的影响，这不仅可能需要大幅减少经常账户赤字，而且还需要突然偿还短期外债。除非该国可以利用官方外汇储备或私营部门在国外持有的流动性资产，否则此类事件通常会导致突然的货币贬值和金融负反馈。金融脆弱性以及政府在外债管理方面的薄弱会增加资本流动的波动性。同时，在远低于发达国家能够承受的外债水平时，出现信贷配给，这种现象被称为"债务不耐"。

第六，对非金融部门的过度监管。产品和劳动力市场的严格监管降低了经济冲击后资源重新分配的灵活性。特别是，结构刚性有助于解释人们对浮动的担忧，因为意外的汇率变动会对部门失衡和部门间调整成本产生更大的影响。限制经济活动的行政障碍，例如许可要求，加剧了腐败以及效率低下。

值得注意的是，尽管新兴经济体存在上述结构性缺陷，但在最近的全球危机中新兴市场所遭受的损失并没有更大。正如古兰沙和奥布斯特菲尔德（Gourinchas and Obstfeld, 2012）所言，许多学者认为，一些新兴经济体在修复或至少弥补这些缺陷方面取得了进展。另外，事实表明发达经济体似乎容易受到这些新兴市场结构性缺陷的某些影响。

在成熟的金融市场中，金融中介也导致大量的货币错配。欧洲银行对美国次级抵押证券的大量投资，是通过短期美元借贷筹集资金的，这导致2007~2009年美元资金短缺，美元大幅升值。美联储掉期额度于2007年12月首次延长期限，此后又更新了几次，对希望避免美元资产销售陷入困境的欧洲银行而言，是利好政策（尽管掉期额度也适用于一小批新兴市场经济体）。欧洲银行的困境表明，即使在发达国家危机中，外币资产与负债之间的到期日或其他不匹配现象也能迅速演变为货币不匹配。

事实上，在雷曼兄弟倒闭后，发达经济体也出现了资本骤停。例如，美国国际收支数据显示，从2008年第四季度至2009年第二季度，外国贷方停止向美国放贷，实际上清算了近1 650亿美元的美国资产。但是，与新兴市场不同，美国居民的外国资产总存量高于GDP（Gourinchas and Obstfeld, 2012）。结果是，他们能够通过出售自己在国外的资产来满足国外还款需求，同时为持续的经常账户赤字融资。由于抛售资产中包括对新兴市场的债权，令人意外的是，大多数新兴市场经济体在危机中并未遭受金融崩溃的打击。

基于这种异常现象，古兰沙和奥布斯特菲尔德（2012）运用具有国家固定效应的面板离散选择模型，对危机做预测研究。实证结果表明，新兴经济体的外汇储备水平是决定其未来发生危机可能性的重要因素，这一作用在统计和经济意义上都是显著的。具体地，外汇储备相对规模增加1个百分点，银行危机发生的概率降低1.099个百分点，这一发现为审慎的宏观政策提供了合理的理由，这些政策试图积累官方储备，以缓冲国内信贷增长过快导致的金融脆弱性。弗兰克尔和萨拉维洛斯（Frankel and Saravelos, 2010）总结了许多有关危机预测的实证研究，研究认为，外汇储备和货币币值高估是预测危机的两个重要的指标，对于发达国家和发展中国家均存在此结论。

总之，充足的外汇储备能够降低经济体因外部冲击而爆发金融危机乃至经济危机的概率，因此，外汇储备具有降低经济调节成本的作用，而与此相关的成本则可以视为累积外汇储备的潜在"收益"。能够降低危机发生的概率，在某种程度上保障了实体经济的正常运转，外汇储备作为缓冲资本的应用为实体经济持续稳健发展提供了良好的环境。

第三章

中国外汇储备规模的充足性

前面论述了外汇储备规模的重要性。关于外汇储备适度规模的研究由来已久。事实上，对于外汇储备规模的研究还有另外一些提法，如外汇储备合理规模、外汇储备充足性规模、外汇储备适度规模、外汇储备最优规模。无论是哪一种提法，都需要界定这一指标的计算依据，由于各指标的针对性不同，因此至今仍未形成统一的观点。

外汇储备充足性规模这一表述，产生歧义的可能性更小。以银行的资本充足性为例，资本充足性的含义体现在银行资本能够抵御其涉险资产的风险，另外，银行资本规模也要满足适度性，资产规模过高则影响金融机构的业务扩展。类似地，外汇储备充足性也体现在应对某种或某几种风险上，且外汇储备规模不宜过高，否则可能存在资源低效运行的状况。因此，从这个角度讲，外汇储备合理性包含了外汇储备充足性。

至于外汇储备合理规模与外汇储备最优规模的表述在意义上基本一致，不同的理论界定外汇储备合理规模或最优规模的标准不同。外汇储备合理规模测算的理论基础主要是基于各国持有外汇储备的动机，在东南亚金融危机爆发以前，持有外汇储备应对经常账户冲击被认为是这一阶段各经济体持有外汇储备的主要动机；东南亚金融危机爆发以后，应对资本账户冲击成为经济体持有外汇储备的主要动机（Ghosh et al., 2017）。保持一定规模的外汇储备可以应对经济体可能面临的各种冲击，于是，外汇储备充足性规模的传统口径包括应对经常账户冲击的口径、应对短期外债偿还需求的格林斯潘—吉多蒂（Greenspan - Guidotti）法则、应对国内资本外逃的广义货币供给量口径。这些口径也可以被视为外汇储备充足性的最低标准。

然而，国际货币基金组织（IMF）认为，传统口径分别针对某种特定的冲击，而未考虑各种冲击的相对重要性，因此，建议构建基于风险加权（risk-weighted）的综合指数来判断经济体外汇储备的充足性。本章将分别结合两种口径——外汇储备充足性规模的传统口径和IMF口径对中国的外汇储备充足性规模展开讨论。

第一节　外汇储备充足性规模的传统口径

外汇储备充足性规模的传统口径主要包括考虑经常账户下进口需求的外汇储备充足性口径、资本账户下短期外债偿还的外汇储备充足性口径和应对国内资本外逃的外汇储备充足性口径。

一、考虑进口需求的口径

对于外汇储备的合理性，自20世纪30年代凯恩斯指出国际储备需求中应该关注对外经济因素开始，对于国际储备合理规模的研究开始估计外源性因素导致国际储备耗竭的可能性。外源性因素包括外资撤离、出口收入下降等。为了避免出现国际储备耗尽而对一国实体经济产生巨大的负面影响，研究者考虑使用若干基本指标来判断国际储备的充足性[1]。在若干指标中，最著名的指标是储备—进口比率。该思想由特里芬（Triffin）在1946年提出，储备—进口比率旨在衡量一国用自身持有的储备为国际交易赤字融资，特里芬建议该比率可以定为30%。由于储备—进口比率简单实用，因此被广泛作为考察国际储备充足性的指标，国际上对经常账户下满足进口需求的外汇储备规模的最低要求是满足3个月进口。

---

[1] 近年的文献中，国际储备与外汇储备常常通用，尽管国际储备的范畴更广，根据国际货币基金组织对国际储备的定义可知，国际储备包括外汇储备、黄金储备、特别提款权和国际货币基金组织的储备头寸。

根据 CEIC 提供的中国进口额数据和外汇储备余额数据，绘制 3 个月进口额与外汇储备规模的动态变化图（见图 3.1）。从图 3.1 可以看出，中国的外汇储备余额在 2005 年以后持续大规模增加，而进口增速显然远远低于外汇储备规模的增速，尽管 2014 年 6 月起外汇储备余额持续下降，但仍远高于 3 个月进口额。从最传统的外汇储备满足进口需求的角度来看，中国的外汇储备规模是十分充足的。

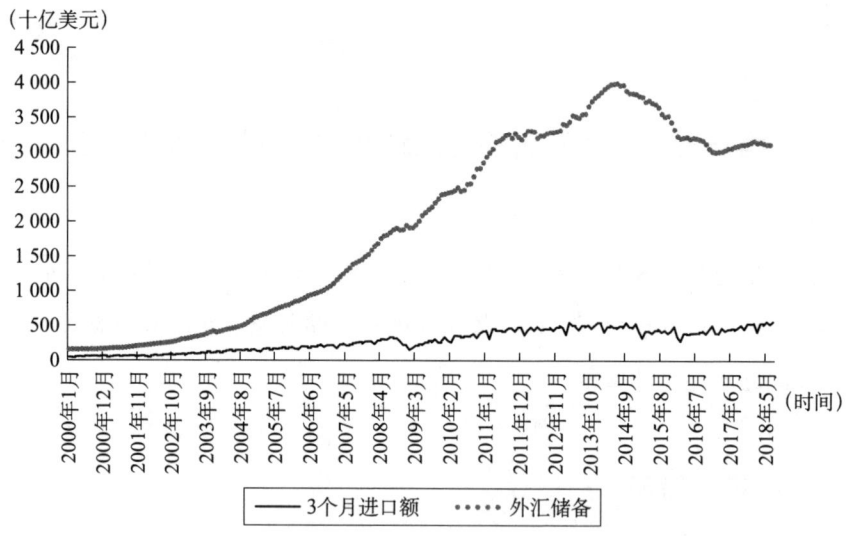

图 3.1　2000～2018 年中国三个月进口额与外汇储备余额

资料来源：进口数据来自国家统计局官网，外汇储备数据来自国家外汇局。

二、考虑短期外债偿还的口径

仅仅考虑外汇储备满足进口需求显然是存在问题的。一国的对外支付除了经常账户下的贸易进口支付，还应该考虑资本账户。在 20 世纪 50 年代全球经济处于复苏的状态下，跨境支付主要表现为贸易支付，因此，关注外汇储备的进口需求具有很高的合理性。但随着全球化水平的不断提高，跨境投资导致的国际资本流动规模不断扩张，甚至远远超过国际商品贸易的规模。因此，与跨境投资相关的国际资本流动对外汇储备规模提出了新的要求。

从跨境投资的角度来看，对外资产的增加可以增加一国的外汇储备，对应外汇储备的供给；对外负债的增加也会增加一国的外汇储备，但属于负债性质的外汇储备，可以理解为"借来"的外汇储备，当债务本金与利息到期从而必须偿付时，这部分本金与利息的支付构成对外汇储备的需求。因此，外汇储备充足性的另外一个指标是考虑能否满足外债的偿付需求，尤其是短期外债的偿付需求。国际上对满足资本账户下短期外债偿还的外汇储备规模的要求被称为格林斯潘—吉多蒂（Greenspan-Guidotti）法则，该法则要求经济体外汇储备规模与短期外债规模的比例为1:1，即要求外汇储备规模至少能够满足短期外债的偿付需求。

事实上，20世纪90年代频繁爆发的货币危机和金融危机促使大量研究开始关注外汇储备的充足性指标，因为充裕的外汇储备可以抵御跨境资本大幅度波动的负面冲击。IMF曾经指出，"外汇储备与短期外债比率是最重要的衡量储备充足性的单一指标"，且大量实证研究证明，储备—短期外债比率是重要的货币危机预警指标（Jeanne，2007）。

由于外债数据为季度数据，因此，图3.2描绘了中国自2003年第二季度起至2018年第一季度短期外债规模与外汇储备余额的相对状况。从图3.2中可以清晰地看出，中国的外汇储备规模远高于短期外债余额，因此，从满足短期外债偿付需求的角度来看，中国外汇储备规模仍然是充足的。如果将储备—短期外债比率视为货币危机的预警指标，则中国爆发货币危机的可能性应该是很低的。

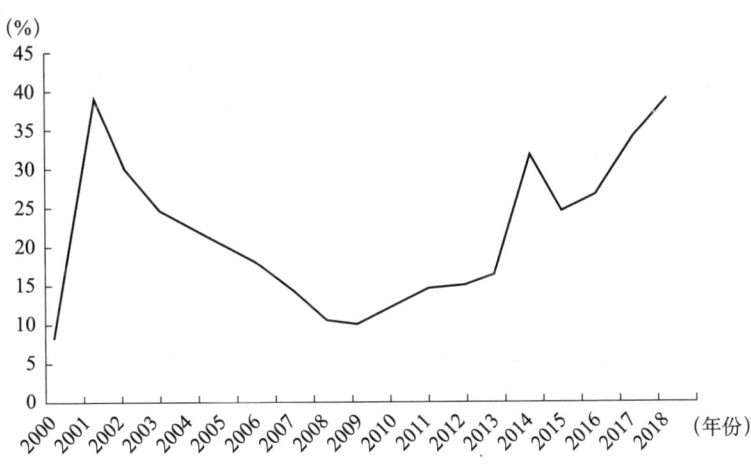

图3.2　2003~2018年中国短期外债与外汇储备余额

资料来源：国家外汇管理局

三、考虑国内资本外逃的口径

除了满足进口付汇需求、短期外债的偿付需求以外，外汇储备还可以应对国内资本外逃的换汇需求。出现大规模资本外逃会对一国的汇率乃至宏观经济稳定产生极大的负面冲击。以1998年东南亚金融危机为例，索罗斯量子基金攻击东南亚国家的固定汇率制度，首先，索罗斯量子基金大量借入泰铢，并持有大量的泰国蓝筹股；其次，量子基金抛售泰铢，目的在于制造市场恐慌，使泰铢面临巨大的贬值压力。面对国际金融家的炒作，泰国为了维持其固定汇率制度在外汇市场上不断抛售美元、回购泰铢。由于其外汇储备存量较低，投资者预期泰国央行很难继续维持泰铢汇率的稳定，一旦外汇储备耗尽，泰铢必然出现大幅度贬值。因此，抛售泰铢、购买强势美元成为投资者的理性选择，而这种将本币转换为外币的行为最终将导致本国外汇储备存量的下降。事实上，泰国在几乎耗尽其外汇储备的情况下，最终放弃了盯住美元的固定汇率制度。随着泰铢大幅度贬值，量子基金偿付泰铢借款的成本也大幅降低，索罗斯量子基金成功地在泰国金融市场上获取了收益。比较而言，中国香港同样采取了盯住美元的固定汇率制度——货币局制度，由于货币局制度下要求货币基础的流量和存量都必须得到外汇储备的十足支持，因此，当索罗斯量子基金攻击港币时，由于中国香港充足的外汇储备，加之香港金管局于1998年9月推出七项巩固货币发行局制度的技术性措施，最终中国香港成功地化解了外部冲击，保持住了港币汇率的稳定。

无论何种因素（内部因素或外部因素，或内外部因素共同发挥作用）引发资本外逃，资本外逃通常会降低外汇储备存量。事实上，资本外流与资本外逃在概念上存在差异。对于资本外逃的定义，目前尚未形成统一的概念。世界银行将资本外逃界定为"债务国居民将其财富转移到国外的任何行为"（World Bank, 1985）。国内的部分学者将资本外逃界定为"未经批准的国内资本违规外流"（宋文兵，1999；管涛、王春红，2000），资本外逃的财富转移行为通常表现为将本币资产兑换为国际通用货币计价的资产（如美元资产），这种货币兑换行为将会影响一国的外汇储备存量。为了应对可能出现的资本外逃，应该持有一定规模的外汇储备。通常，以广义货币供应量作为参考指标，外汇储备与广义货币供应量（M2）的比例达到20%，被认为是应对可能出现的资本外逃的外汇储备合理规模。从这一指标上来看，图3.3的数据显示，2014年9月起，中国的外汇储备规模开始低于M2的20%，这意味着仅从M2指标的角度来看，2014年9月以后，中国的外汇储备规模充足性是不够的。

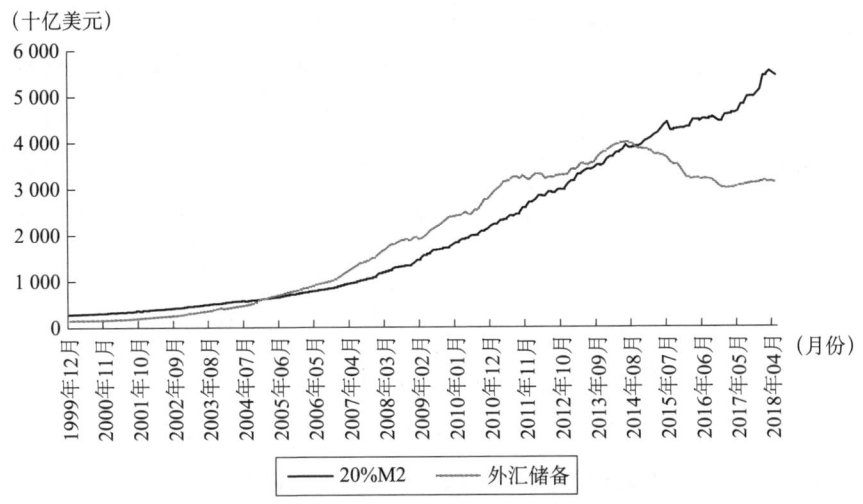

图 3.3　1999～2018 年中国 20％M2 与外汇储备余额

资料来源：M2 数据来自国家统计局；外汇储备数据来自国家外汇管理局；M2 数据折算成美元使用的汇率来自 CEIC 数据库。

值得注意的是，如果广义货币供给指标代表能够转化为外币资产的潜在资本外逃的代理变量，那么实际的资本外逃规模还受制于一国的资本管制政策。若一国严格控制资本流出，那么与对跨境资本不加管制的经济体相比较，在宏观经济发展状况相同的条件下，采取严格资本管制政策的经济体实际资本流出数量会相对较低，因此，基于应对资本外逃动机所需的外汇储备规模相对应该较小。这也是 M2 指标口径被质疑的主要原因之一。

第二节　外汇储备充足性规模的 IMF 口径

外汇储备充足性规模的传统口径分别考虑了经常账户的进口用汇需求、资本账户的短期偿债需求和应对资本外逃的外汇储备需求。然而，传统口径并未考虑不同的用汇需求之间的关系，即如何平衡各种不同的用汇需求。另外，基于储备需求的实证分析尽管能够找出影响外汇储备规模的因素，但这种分析方法受限于不存在系统性偏差的假设，因为实际持有的外汇储备规模与基于审慎性动机需求的外汇储备规模之间可能存在差异。

外汇储备规模的一种分析框架是成本—收益模型（cost-benefit model），较早地运用成本—收益分析框架对外汇储备需求进行系统性分析的是海勒（Heller，1966）的研究，海勒（1966）认为外汇储备的需求是相关政府部门在对持有外汇储备的收益和成本进行权衡后做出的政策反映。另一具有代表性的缓冲存货模型（Frenkel and Jovanovich，1981）则从持有储备总成本最小[①]的视角研究外汇储备的合理规模。与此对应的是，珍妮和兰西埃（Jeanne and Rancière，2011）通过求解代表性消费者效用最大化以获得最优的外汇储备规模。尽管求解方法不同，但以上模型均考虑了如果外汇储备不足可能造成的各种（调节）成本，为后续研究的开展提供了重要的线索。然而，以上外汇储备的相关理论在实践或实证分析中却面临着极大的争议，主要体现在对相关的成本或收益进行度量时，不同代理变量的选择得到的实证结果大相径庭。甚至有学者指出（Grimes，1993），中央银行并非利益最大化者，其累积外汇储备的动机是为避免外汇短缺，因此中央银行并不在意相关的利率波动可能造成的外汇储备的收益变化。另外，外汇储备适度规模的成本—收益模型结果对于典型的经济结构（stylized economic structures）的假设十分敏感。鉴于此，国际货币基金组织（IMF，2011）从审慎性需求动机的角度构建了新的外汇储备充足性指标，这里将对该指标的构建、指标的合理性及其存在的问题展开探讨。

一、基于 IMF 口径的外汇储备充足性指标构建

国际货币基金组织从 2011 年起发表了一系列关于外汇储备充足性（assessing reserve adequacy）的研究报告，该指标充分考虑了新兴市场在过去危机期间的经验。具体地，该指标考虑了在外汇市场压力期（periods of exchange market pres-

---

[①] 储备低至某最低限时宏观经济的调节成本与持有储备的机会成本之和。

sure）来自国际收支压力方面的四个风险源。

（1）贸易条件恶化导致的出口收入减少，X代表（1年期）商品和服务的出口。一国出口收入的突然下降会对该国外汇市场产生压力，即本币的需求下降，本币有贬值压力。以巴西为例，1998年巴西金融危机中该国贸易账户的逆差导致其出口收入下降，从而引发其对外偿付能力下降。

（2）短期外债（1年以下期限），STD代表期限在1年或1年以内的短期债务规模。

（3）中长期债务及证券投资债务，PDL代表总的证券投资债务（gross portfolio equity liabilities）。

这里，短期外债和中长期债务以及证券投资债务度量的是债务到期时对应的资本外流对外汇储备存量的影响；相较于证券投资债务，IMF的外汇储备充足性指标赋予短期外债更高的权重，体现了对短期外债还本付息外汇需求的重视。

（4）广义货币供给量，该指标测度可能发生的资本外逃规模；在金融危机发生之前或金融危机期间，往往伴随着大规模的将本币资产转换为外币资产以寻求保值的资本外逃。一种通常的做法是取广义货币供给量的某比例作为资本外逃规模的代理变量。

综合以上国际收支压力的风险源，国际货币基金组织构建了外汇储备充足性规模指标，具体见式（3.1）和式（3.2）[①]。

固定汇率制度：$R_t^* = 30\% \times STD_t + 15\% \times OPL_t + 10\% \times M2_t + 10\% \times X_t$ （3.1）

浮动汇率制度：$R_t^* = 30\% \times STD_t + 10\% \times OPL_t + 5\% \times M2_t + 5\% \times X_t$ （3.2）

其中，R^*代表基于审慎性动机的外汇储备充足性规模，STD代表期限在1年或1年以内的短期债务规模，OPL代表总的证券投资债务（other portfolio liabilities），M2代表可能发生的资本外逃规模，X代表（一年期）商品和服务的出口。

从IMF口径选取的四个指标可以看出，其同时兼顾了经常账户、偿债需求以及可能发生的资本外逃。另外，IMF（2011）的充足性指标还考虑了不同资本管制状况下经调整的充足性指标，若一国采取资本管制政策，则其外汇储备充足性

[①] 公式来自IMF 2011年《外汇储备充足性》，第25页。

与不存在资本管制的情况相比,可以适当降低。主要原因在于,有效的资本管制可以降低资本流出的规模,从而减少对外汇储备存量的负面冲击。因此,采取资本管制的经济体可以降低充足性指标中 M2 的权重,对其他负债的权重也可以适度降低。一国实际持有的外汇储备规模如果处于 IMF 指标测算出的外汇储备充足性规模的 100%~150%,则被视为满足充足性标准(IMF,2011、2015)。

二、IMF 口径外汇储备充足性指标的合理性

IMF 口径外汇储备充足性指标的合理性主要体现在以下几个方面。

(一)考虑多种国际收支风险

传统的外汇储备充足性指标分别考虑进口需求、偿债需求和资本外逃需求,并未对以上各种指标进行综合考虑。国际货币基金组织在研究典型经济体经济危机期间的跨境资本流动状况以及外汇储备规模变化的过程中发现,多种国际收支冲击可能会同时发生。

以俄罗斯为例,在 1998 年和 2008 年的两次经济危机中,资本外逃(主要表现为本国居民持有国外资产的增加)与短期债务是其外汇储备规模下降的主要原因。在印度尼西亚则表现为非居民抛售国内资产,从而对其外汇市场产生压力。在巴西的经济危机期间,则同时表现为出口收入的下降和金融账户多个子项出现资本流入的减少或资本流出的增加。韩国的经验则表现为,在危机期间,较高的外汇储备规模与外汇储备的替代性工具(如货币互换协议)同样发挥着重要作用。

基于新兴经济体危机期间国际收支风险的分析,国际货币基金组织建议构建包含更广泛风险因素的外汇储备充足性指标,这也是 IMF 口径区别于传统口径的最主要特点。经验表明,同时考虑多种国际收支风险的外汇储备充足性指标是更为合理的。

(二)对多种国际收支风险赋予不同的权重

从式(3.1)和式(3.2)可以看出,IMF 口径给予短期外债和其他证券投

资债务以较高的权重，M2和出口收入以相对较低的权重。如果仅仅从巴西、俄罗斯在两次危机（1998年危机、2008~2009年危机）中跨境资本流动的表现进行推断，则应该赋予短期外债和资本外逃较高的权重，两个经济体在两次危机期间均发生了较大规模的资本外逃。

然而，IMF口径的外汇储备充足性指标却赋予短期外债和其他证券投资债务更高的权重。如果仔细区分长短期债务与资本外逃的区别可以发现，长短期债务的变化主要取决于非居民持有国内资产的增加或者减少，或者说，是一国对外债务的增加或减少；资本外逃则一般被界定为本国居民持有外国资产的增加，而本国居民持有外国资产的减少被称为"资本紧缩"①，英文为 retrenchment（Forbes and Warnock，2012）。外汇储备的充足性指标为什么赋予长短期外债更高的权重呢？一个重要原因在于对外债务的行为主体是非居民，因此，非居民的跨境投资决策影响了一国对外债务的变化，当某经济体的经济基本面发生变化时，尤其是经济基本面恶化时，非居民可以选择不再持有该国资产，这时将出现资本骤停，从而导致该经济体的外汇供给下降，而外汇储备存量的变化直接受到外汇供给和外汇需求的影响。其他条件不变的情况下，当经济体发生资本骤停时，外汇储备存量必然下降。而资本骤停的发生由于是非居民改变投资行为的结果，本国货币当局很难通过临时性的措施阻止资本骤停的发生，因此，从这个角度讲，外汇储备充足性指标应该赋予与外债规模相关的子项更高的权重。

对于资本外逃，尽管从巴西和俄罗斯的经验来看应该赋予其更高的权重，但由于资本外逃的决策者是本国居民，因此，本国政府部门可以采取临时性资本管制等方式阻止大规模资本外逃的发生，此时，临时性资本管制政策成为外汇储备管理的互补性政策工具。为应对潜在资本外逃而储备的外汇规模可以适度下调，这也许是国际货币基金组织赋予M2子项较低权重的重要原因。

（三）区分汇率制度对外汇储备充足性的影响

国际货币基金组织构建的外汇储备充足性指标对于采取不同汇率制度的经济体作了区分。这一做法充分考虑了汇率制度因素对外汇储备需求的影响。

---

① 对于 capital retrenchment 的翻译，本章研究译为"资本紧缩"。

对于采取固定汇率制度的经济体，由于需要稳定汇率在某区间内波动，因此，货币当局需要较多的外汇储备用于干预外汇市场。以中国香港的联系汇率制度为例，由于联系汇率制度属于货币发行局制度，是典型的固定汇率制度，根据该制度的规定可知，中国香港货币基础的流量和存量都必须得到外汇储备的十足支持。在联系汇率制度的架构内，香港金融管理局需要通过稳健的外汇基金管理、货币操作及其他措施，维持汇率稳定。因此，采取联系汇率制度要求中国香港持有庞大的官方储备以维持汇率稳定。

对于采取浮动汇率制度的经济体，由于货币当局没有固定本国货币与某国际货币按照固定比值兑换的政策约束，汇率波动主要由金融市场对本币的需求和供给因素决定，因此，在其他条件相同的情况下，采取浮动汇率制度的经济体需要更少的外汇储备，外汇储备的充足性水平可以适度降低。

根据国际货币基金组织公布的汇率制度安排与汇率限制（Annual Report on Exchange Arrangements and Exchange Restrictions，AREAER）2016 年年报，印度被划分为 40 个采取浮动汇率制度（floating）的经济体之一，具体地，印度采取的汇率制度属于通货膨胀目标制框架下的浮动汇率制度；中国则被划分至其他有管理的汇率制度安排（other managed arrangement）。根据国际货币基金组织关于储备充足性评估（assessing reserve adequacy）官方网站提供的数据可知，当改变汇率制度选项时（汇率制度的选项包括浮动汇率制度与其他汇率制度两种），中国与印度两个国家外汇储备的充足性略有变化，表 3.1 和表 3.2 列出了 2018 年中国与印度外汇储备的充足性评估状况。

表 3.1　　基于浮动汇率制度假设下的 2018 年中印两国外汇储备充足性　　单位：%GDP

国家	储备存量	3 个月进口	M2 的 20%	短期外债的 100%	ARA EM Metric
中国	24.27	4.75	39.58	9.84	15.07
印度	14.98	6.21	16.27	9.58	10.17

资料来源：国际货币基金组织官方网站，http://www.imf.org/external/datamapper/ARA/index.html。

表 3.2　　基于其他汇率制度假设下的 2018 年中印两国外汇储备充足性　　单位：%GDP

国家	储备存量	3 个月进口	M2 的 20%	短期外债的 100%	ARA EM Metric
中国	24.27	4.75	39.58	9.84	26.37
印度	14.98	6.21	16.27	9.58	10.17

资料来源：国际货币基金组织官方网站，http://www.imf.org/external/datamapper/ARA/index.html。

表 3.1 为基于浮动汇率制度假设下中国与印度的外汇储备充足性状况,从数据可以看出,中国外汇储备的 GDP 占比存量显著超过了诸如 3 个月进口标准、短期外债的 100% 标准,但外汇储备与 GDP 占比低于 2018 年 M2 的 20% 标准(即 24.27% < 39.58%);对于综合考虑国际收支各风险的 IMF 口径(表 3.1 中的最后一列,记为"ARA EM Metric")而言,中国的储备存量高于该综合指标(即 24.27% > 15.07%)。对于印度而言,其外汇储备 GDP 比值同样超出 3 个月进口标准、短期外债的 100% 标准,且低于 M2 的 20% 标准,对于综合性指标"ARA EM Metric",印度的外汇储备存量满足该标准。

当更改汇率制度的选项为其他汇率制度时(见表 3.2),表 3.1 中关于印度的各项指标没有变化,但关于中国的"ARA EM Metric"综合指标从 15.07% 增加至 26.37%,这表明在相对固定的汇率制度假设下,中国应该持有更高水平的外汇储备。根据表 3.2 的数据可知,对于中国而言,中国的外汇储备 GDP 占比(24.27%)低于"ARA EM Metric"综合指标(26.37%),因此,从"ARA EM Metric"综合指标的角度来看,在 2018 年中国的外汇储备相对规模是不足的。

值得注意的是,这里的"ARA EM Metric"综合指标尚未考虑资本管制的影响。当考虑各经济体资本管制差异时,国际货币基金组织构建了调整的新的指标(IMF 官网将其标记为"ARA EM Metric Adjusted for CFM",这里"CFM"表示 capital flow management)。

(四)考虑资本管制政策对外汇储备充足性的影响

IMF 口径除了考虑各经济体采取的汇率制度方面的差异以外,同时还考虑了各经济体的资本管制程度。正如前面提及的冰岛在 2008～2009 年金融危机中的案例所示,当一国采取临时性资本管制政策时,有效的资本管制可以抑制外汇储备枯竭的发生。

国际货币基金组织对资本管制的考虑主要基于三种衡量指标:辛—藤指数(Chinn-Ito Index)、奎因指数(Quinn index)、国际货币基金组织份额指数(IMF share index)。

辛—藤指数(Chinn-Ito index)可用来测度资本账户开放度,数据来自 IMF 公布的汇率制度安排与汇率限制各年年报。辛—藤指数(chinn-Ito index)值越高,代表资本账户开放程度越高,从而资本管制强度越弱,美国各年份辛—藤指数(chinn-Ito index)值均为1(见表3.3)。表3.4列示了IMF提供的1992~2016年中国的资本管制状况。从表3.4所列数据来看,辛—藤指数(chinn-ito index)在2015年和2016年的值为正,大于之前年份的值(辛—藤指数值为0时表示资本账户开放度最低,即存在最严格的资本管制),表明2015年以后,中国的资本管制强度有所下降。

表3.3　　　　　　　　1992~2016年美国资本管制状况

年份	辛—藤指数	奎因指数	国际货币基金组织份额指数
1992	1	1	n. a.
1993	1	1	n. a.
1994	1	1	n. a.
1995	1	1	0.875
1996	1	1	0.884
1997	1	1	0.878
1998	1	1	0.868
1999	1	1	0.868
2000	1	1	0.87
2001	1	1	0.87
2002	1	1	0.87
2003	1	1	0.87
2004	1	1	0.87
2005	1	1	0.852
2006	1	1	0.857
2007	1	1	0.839
2008	1	1	0.786
2009	1	1	0.786
2010	1	1	0.786
2011	1	1	0.786
2012	1	1	0.786
2013	1	1	0.786
2014	1	1	0.786
2015	1	1	0.786
2016	1	1	0.786

资料来源:国际货币基金组织官方网站提供该数据,http://www.imf.org/external/datamapper/ARA/index.html。

表 3.4　　　　　　　　1992~2016 年中国资本管制状况

年份	辛—藤指数	奎因指数	国际货币基金组织份额指数
1992	0	0.125	n. a.
1993	0	0.125	n. a.
1994	0	0.125	n. a.
1995	0	0.125	0.146
1996	0	0.125	0.205
1997	0	0.125	0.217
1998	0	0.125	0.233
1999	0	0.125	0.267
2000	0	0.125	0.2
2001	0	0.125	0.2
2002	0	0.125	0.2
2003	0	0.125	0.2
2004	0	0.125	0.2
2005	0	0.125	0.2
2006	0	0.25	0.154
2007	0	0.25	0.154
2008	0	0.375	0.154
2009	0	0.5	0.154
2010	0	0.5	0.151
2011	0	0.5	0.151
2012	0	0.5	0.208
2013	0	0.5	0.208
2014	0	0.625	0.208
2015	0.41451332	0.5	0.189
2016	0.41451332	0.5	0.236

资料来源：国际货币基金组织官方网站提供该数据，http://www.imf.org/external/datamapper/ARA/index.html。

奎因指数（quinn index）对资本项目的限制强度进行直接打分，其值越高，代表资本账户越开放，美国各年份奎因指数（quinn index）均为 1（见表 3.3）。对于中国而言，表 3.4 中的奎因指数（quinn index）表明，总体来看，中国的资本账户开放度均处于较为封闭的状态，但 2009 年开始资本账户开放度有所提升。

国际货币基金组织份额指数（IMF share index）测度一国资本无限制年份数目在样本期年度所占的平均值，数据来自 IMF 公布的汇率制度安排与汇率限制各年年报。根据国际货币基金组织份额指数（IMF share index）的算法可知，其指标值越高,代表无资本限制的年份越多,资本账户开放度越高,美国各年份的 IMF share index 值均高于 0.78(见表 3.3)。对于中国而言,表 3.4 所示的国际货币基金组织份额指数(IMF share index)表明,中国的资本账户开放度自 1995 年起整体上波动不大,但始终处于相对严格管制的状态。

表 3.5 列示了国际货币基金组织口径下的中国外汇储备充足性状况,经过资本管制指标调整的外汇储备充足性临界值[表 3.5 中第一列,记为"ARA(control ad)"]明显低于未经资本管制指标调整的临界值[表 3.5 中第二列,记为"ARA EM Matric"],这主要是基于中国较强的资本管制程度测算得出的,即表 3.4 所提供的信息。

表 3.5　　　　2004~2014 年 IMF 口径下中国外汇储备充足性　　　　单位:十亿美元

年份	ARA(control ad)	ARA EM Matric	外汇储备存量
2004	295.043 8	448.555	618.570 7
2005	359.335 5	542.296 4	825.690 8
2006	454.830 4	675.692 7	1 080.811
2007	582.222 6	855.855 6	1 547.318
2008	657.399 1	1 004.607	1 966.2
2009	775.213 2	1 222.076	2 453.177
2010	976.255 3	1 521.712	2 914.184
2011	1 216.15	1 888.962	3 255.786
2012	1 378.319	2 152.676	3 387.863
2013	1 636.944	2 541.382	3 880.383
2014	1 838.594	2 841.477	3 899.285

资料来源:国际货币基金组织官方网站,https://www.imf.org/external/datamapper/ARA/index.html。

三、IMF 口径外汇储备充足性指标存在的问题

国际货币基金组织构建的外汇储备充足性指标主要存在以下问题。

(一)固定权重无法反映不同经济体经济基本面的差异和动态变化

国际货币基金组织关于外汇储备充足性的研究报告中也指出,如果一国短期外债的债权人为该国跨国公司母公司,则可以适当降低在短期外债 STD 上的权重;如果一国短期外债主要来源于国际货币市场,则可以适当增加在短期外债

STD 上的权重。因此，随着一国短期外债资金来源的变化，可以动态调整外汇储备的充足性标准。

关于出口 X 的权重，若某经济体的出口主要集中于波动性较强的产品，即出口产品在国际市场上的同质性较高，出口规模极易受到各种冲击的影响，那么应该增加出口 X 的权重，以更好地保障外汇储备的充足性。

对于潜在的资本外逃指标 M2，尽管对于固定汇率制度和浮动汇率制度的经济体，IMF 设置了不同的权重，但不同的资本管制政策将会影响跨境资本流动，从而对外汇储备的充足性标准产生影响。IMF 甚至建议，在某种极端的资本管制条件下，M2 指标的权重可以降至 0。但具体如何操作，仍然是 IMF 口径存在的重要问题之一。

对于美元化的经济体，如何根据其对美元的依赖程度调整其外汇储备充足性标准也是亟须解决的问题之一。美元化经济体与非美元化经济体相比，一方面，其面临的货币风险较低，因此，从这个角度来看，其外汇储备需求量较低；但另一方面，美元化经济体的银行体系由于缺乏本币支撑的保险机制，其对外汇流动性的依赖程度较高，从这个角度来看，美元化经济体需要更多的外汇储备。这两方面因素为美元化经济体的外汇储备充足性指标设定提出了调整。

对于基本面较弱的经济体（weak fundamentals），其外汇储备需求量是较高的，而不能仅仅依赖于 IMF 口径考虑的四个子项。对经济体基本面的稳健性进行评估，进而将该因素融入 IMF 口径计算标准，将有助于进一步提高外汇储备充足性的精度。

（二）忽略了非对称资本管制对外汇储备充足性的影响

如前所述，国际货币基金组织对资本管制的考虑主要基于三种衡量指标：辛—藤指数（chinn-ito index）、奎因指数（quinn index）、国际货币基金组织份额指数（IMF share index）。根据表 3.3 和表 3.4 可以看出，这三个指标并未区分资本流动的方向，是对于整体的资本跨境流动管制程度的测度。

值得注意的是，各经济体对于资本流入和资本流出的管制程度可能是存在差异的。而不同的资本管制程度对于跨境资本流动净值的影响是不确定的。表 3.6 列出了部分经济体在 2009～2011 年统计出的资本管制事件。以中国为例，在样本期间内中国对资本流入和资本流出的限制并未增加,反而是有所放松,资本流入管制放松事件发生4次,资本流出管制放松事件发生2次。尽管此数据很难进一步判断资本流入管制与资本流出管制的相对强度,但管制的不对称性是明显的。其他经济体的数据也可以进一步佐证这种资本管制的不对称性。

表3.6　　　　　　　　　2009~2011年各经济体资本管制程度

经济体	对资本流入的管制		对资本流出的管制		宏观审慎管理措施		来自资本流动的压力	
	-	+	-	+	-	+	资本流出	资本流入
阿根廷	3	2	3	1	2	1	6	6
巴西	1	7	0	0	0	2	1	9
智利	0	0	1	0	0	0	0	1
中国	4	0	2	0	2	0	6	2
哥伦比亚	1	0	1	1	1	2	3	3
印度	4	0	0	0	1	2	5	2
韩国	0	2	1	0	0	6	0	9
马来西亚	2	0	3	0	3	0	5	3
墨西哥	1	0	0	0	0	0	1	0
巴基斯坦	0	1	0	0	1	1	1	2
俄罗斯	0	0	0	0	0	9	0	9
土耳其	0	0	2	0	5	4	5	6

注:"-"代表管制政策或宏观审慎措施的放松或取消;"+"代表管制措施或宏观审慎措施的收紧。
资料来源:该表的数据转引自福布斯等(Forbes et al.,2015)的研究文献。

由以上分析可以得出如下结论,IMF口径使用的资本管制程度的指标没有考虑对资本流入与资本流出管制程度是存在差异的。如果一国对资本流入的管制是放松的,对资本流出的管制是收紧的,则有助于抑制净资本流出的增加,从而缓解外汇储备耗竭的压力。在这种情况下,外汇储备的充足性标准可以适度下调。考虑资本管制不对称性对外汇储备充足性指标的影响也是必要的。

(三)选择M2作为潜在资本外逃的代理变量存在问题

根据国际货币基金组织外汇储备充足性口径的计算公式可知,广义货币供给量M2被视为潜在资本外逃的指标,对于采取固定汇率制度的经济体,M2的权重为10%,对于采取浮动汇率制度的经济体,M2的权重为5%。对于采取固定汇率制度的经济体而言,货币当局有维持本国货币汇率稳定的政策目标,但一旦无法维持汇率稳定,通常将伴随本币汇率的大幅度贬值。1998年的东南亚金融危机中，泰国货币泰铢就遭遇了大幅度贬值的危机。在这种情况下，本国居民为了避免汇率风险，保持其资产价值的稳定，通常会在预期本币贬值、固定汇率制度即将崩溃之前大量抛售本币，持有外币资产。从这个角度来看，赋予固定汇率制度经济体潜在资本外逃规模以相对较高的权重是合理的。

然而，无论是采取固定汇率制度的经济体，还是采取浮动汇率制度的经济体，选择 M2 指标作为潜在资本外逃的代理变量仍然存在问题。主要原因在于：

首先，如果使用 M2 作为潜在资本外逃的代理指标意味着 M2 越大，货币当局需要的审慎性外汇储备量应该越多，即 M2 增加时，外汇储备规模应该增加。而事实上两者之间的关系可能是反向关系，因为未被央行冲销的外汇储备增加必然使得货币供给量增加（Taguchi，2011）。当货币当局根据一国的经济发展状况选择实施宽松货币政策时，货币当局倾向于不完全冲销由外汇储备增加导致的货币供应量增加。此时，外汇储备与货币供应量的同方向变化与应对潜在的资本外逃无关。

其次，艾森曼和李（Aizenman and Lee，2007）指出，无论金融不稳定处于何种状态，银行存款与外汇储备都是互补性关系，即同向变动。这一结论从另外一个视角解释了外汇储备规模与货币供应量之间的正向关系，同样与应对潜在的资本外逃无关。因此，选择 M2 作为衡量资本外逃的代理变量是不合理的。

第三节 中国外汇储备规模的充足性及其面临的挑战

前面探讨了外汇储备合理规模的传统口径及 IMF 口径，对于外汇储备合理规模的传统口径，除了 20% 的 M2 指标以外，中国的外汇储备规模均超过了传统口径的最低标准。对于同时考虑多种国际收支风险的 IMF 口径，中国的外汇储备规模是否达到标准呢？本节将首先描述 IMF 口径下中国外汇储备规模的充足性状况。其次对于较为经典的珍妮—兰西埃（Jeanne and Rancière，2011）理论框架下中国外汇储备规模的充足性进行分析。最后深入剖析中国外汇储备充足性规模测算面临的挑战。

一、IMF 口径下中国外汇储备规模的充足性

国际货币基金组织官方网站公布了不同经济体各种维度的外汇储备充足性,在该网站的选项中,不仅可以对比不同经济体在相同时间的外汇储备充足性,还提供各经济体时间序列维度的外汇储备充足性状况。

我们重点关注中国外汇储备的充足性。对于 IMF 口径下的外汇储备充足性标准,在 2016 年之前,中国的外汇储备规模都超过了该指标,这意味着中国的外汇储备规模在 IMF 口径下是充足的,是可以应对诸多国际收支风险的。

但从 2017 年开始到 2018 年,中国外汇储备的规模低于 IMF 口径,这与近年来中国较快增长的 M2 水平密切相关。2014~2018 年,中国外汇储备规模不足 M2 的 20%[①]。

值得注意的是,当考虑不同经济体资本管制程度时,IMF 口径的外汇储备合理规模指标有所调整。经资本管制调整的外汇储备充足性标准下,中国的外汇储备规模超过了 IMF 口径计算的合理性规模,但经资本管制调整的外汇储备充足性标准仅公布了 2004~2014 年的数据,因此,无法推断中国自 2015 年至今是否达到了经资本管制调整的外汇储备充足性标准。当绘制 2004~2014 年中国外汇储备 IMF 口径充足性状况时,很明显地,考虑了资本管制状况的充足性标准显著低于不考虑资本管制状况的充足性标准(见图 3.4)。这主要源于 IMF 对中国资本管制状况的分类依据,正如前面表 3.4 所示,国际货币基金组织对资本管制测度的三个指标均将中国定位于严格资本管制的经济体,因此,考虑资本管制的外汇储备充足性标准显著降低。

二、珍妮—兰西埃(Jeanne-Ranciére)理论框架下中国外汇储备规模的充足性

珍妮—兰西埃(Jeanne-Ranciére)理论框架下对外汇储备合理规模的模拟研

[①] 此结论参见国际货币基金组织官方网站:http://www.imf.org/external/datamapper/ARA/index.html.

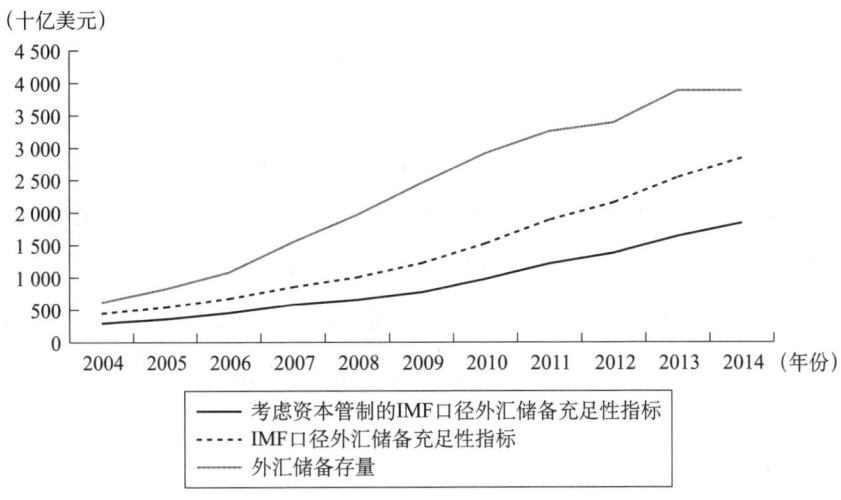

图 3.4　2004~2014 年 IMF 口径中国外汇储备充足性

资料来源：国际货币基金组织官方网站，https://www.imf.org/external/datamapper/ARA/index.html。

究在近年来影响较大。主要原因在于珍妮—兰西埃（Jeanne-Rancière）理论是基于跨期效用最大化的理论，即具有微观基础的理论；且该理论得出了最优外汇储备规模的闭集解（closed-form expression for the optimal level of reserves）。

具体地，在满足外部债务信贷约束的条件下，最优的外汇储备 GDP 比率（记作 $\rho \equiv R_t/Y_t^n$，其中 R_t 代表 t 时期的外汇储备规模，Y_t^n 代表 t 时期国内的趋势性产出）由式（3.3）给出：

$$\rho^* = \frac{\lambda + \gamma - [1 - \frac{(r-g)}{1+g}\lambda](1 - p^{1/\sigma})}{1 - \frac{\pi}{\pi + p(1-\pi)}(1 - p^{1/\sigma})} \tag{3.3}$$

其中，λ 为短期外债与 GDP 的比值，γ 为第一次资本骤停期间的产出损失，r 为利率，g 为增长率，π 为发生资本骤停的概率，σ 为风险厌恶系数，p 表示对国际投资者而言无危机美元以危机美元表示的价格。

珍妮—兰西埃（Jeanne-Rancière）理论的还有一个优点在于其将外汇储备的合适规模表达为 GDP 的某一比例，这样的比率指标简单易行、使用方便。在基于一系列参数估计和数值模拟的基础上，珍妮—兰西埃（Jeanne-Rancière）理论的研究结论预测外汇储备 GDP 比值的适度值为 9%，这一比率也接近于该研究选择的 34 个中等收入国家在 1975~2003 年的外汇储备 GDP 比值（Jeanne & Rancière, 2011）。

图 3.5 描绘了 1998 年第一季度至 2018 年第四季度中国外汇储备与当季 GDP 的比值，由数据可以看出，该比值的最小值仍然高于 40%，远高于珍妮—兰西埃（Jeanne-Rancière）理论模拟出的 9% 的标准，且该比率在 2008 年金融危机之前呈现阶梯式上升态势，金融危机之后呈现阶梯式下降态势。尽管珍妮—兰西埃理论的研究结果对于参数选择的敏感性较强，从而影响到合理规模的最优取值，但同其他研究（Cruz & Kriesler, 2008）建议的指标比较，9% 的水平仍相对保守。克鲁兹和克里斯勒（Cruz & Kriesler, 2008）指出，能够确保投资者信心的外汇储备 GDP 比率在 5%～6% 即可，任何超出该比值的外汇储备都可以被视为超额储备。

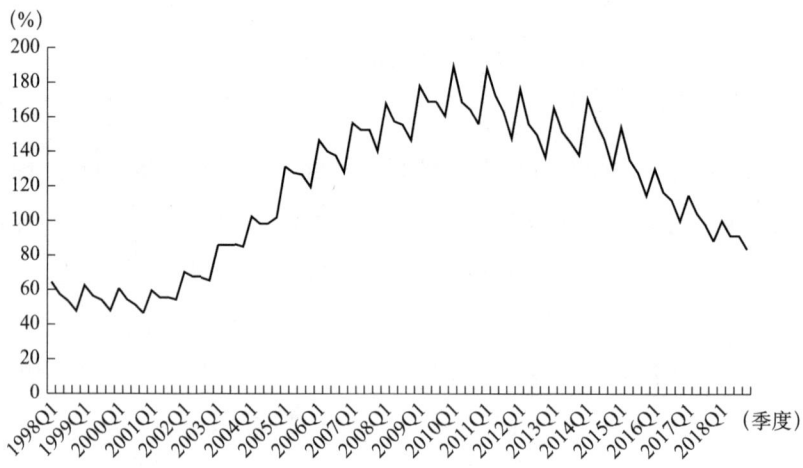

图 3.5 1998Q1～2018Q4 中国外汇储备 GDP 占比

资料来源：GDP 数据来自国家统计局，单位为亿元；外汇储备数据来自国家外汇管理局，单位为亿美元；GDP 数据折算成美元使有和人民币兑美元汇率来自 CEIC 数据库。

三、中国外汇储备充足性规模测算面临的挑战

影响外汇储备规模的最直接因素是跨境资本流动。正如外汇储备充足性传统口径以及国际货币基金组织口径所考量的，为应对不同的国际收支冲击，降低国际收支冲击对一国经济体的负面影响，各国应该持有一定规模的外汇储备作为缓冲性工具。然而，是什么原因导致各种国际收支冲击的发生呢？跨境资本流动背

后的影响因素是什么？对不同的经济体而言，这些影响因素相同吗？即使是相同的影响因素，对不同经济体的跨境资本流动影响方式一样吗？回答出这些问题，有助于进一步探索适合各个经济体的外汇储备合理性规模。

由于影响跨境资本流动的因素是复杂的，因此，评估不同因素对跨境资本流动的影响，从而进一步确定外汇储备规模的充足性面临巨大的挑战。正如国际货币基金组织《外汇储备充足性评估报告》（Assessing Reserve Adequacy，2011）所指出的，由于各国的经济结构、发展水平不同，因此，不存在统一的、适用于所有经济体的外汇储备充足性标准，应该根据各国的实际情况，模拟适用于不同经济体的外汇储备充足性指标。

对于中国而言，从传统的外汇储备充足性指标和国际货币基金组织口径的结果来看，当考虑潜在资本外逃因素时，即考虑 M2 指标时，中国外汇储备的充足性受到了挑战。然后，正如前所述，将 M2 作为潜在资本外逃的指标虽然具有一定的合理性，但仍然存在诸多问题。而探寻一国出现资本外逃的根源将有助于更好地评估外汇储备的充足性问题。因此，本部分将先对中国的跨境资本流动状况进行分析，在此基础上实证检验影响中国跨境资本流动的因素，从而为评估外汇储备的充足性提供理论和实证的分析基础。

（一）中国的跨境资本流动状况

对于中国而言，跨境资本流动在近年来呈现出一些新的特点。值得注意的是，在 2008 年全球金融危机期间，中国面临的跨境资本流动无论是跨境资本总流出、跨境资本总流入或跨境资本净流入，都呈现出急速收缩的状态。而近年来尤其是 2008 年国际金融危机之后，中国面临的跨境资本流动的波动性显著增强，跨境资本流动由多年来的资本净流入转化为资本净流入、资本净流出交替出现（见图 3.6 私人资本净流入，记为"NET INFLOW WITHOUT IR"[①]）。比较明显的

[①] 私人资本净流入为总国外资本流入（gross foreign inflow，GFI）与总私人国内资本流出（gross domestic outflow excluding international foreign reserve，GDO WITHOUT IR）的差。其中，GFI 为国际收支平衡表金融账户下各子项的负债项之和，GDO WITHOUT IR 为国际收支平衡表金融账户下各子项（不包含储备资产项）的资产项之和。由于中国国际收支平衡表金融账户下各子项的资产项符号为负时代表居民持有外国资产的增加，因此，本部分研究在使用资产项数据时，将数据取相反数（即乘以 -1），从而 GDO WITHOUT IR 值越高，代表本国居民持有外国资产越多。

现象是 2016 年 1 月末央行口径外汇占款下降 6 445 亿元人民币,创历史第二大降幅,仅次于 2015 年 12 月 7 082 亿元人民币的降幅。若按照间接法测算此时段的中国短期资本流出规模(张明,2011),则 2015 年 12 月短期资本流出 1 809 亿美元,为自 2002 年以来单月短期资本流出的峰值。

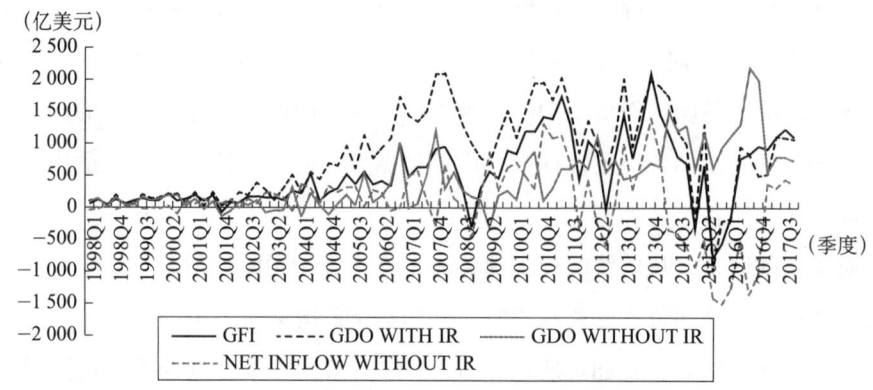

图 3.6 1998Q1～2017Q4 中国跨境资本流动情况

注:GFI 表示 gross foreign inflows,GDO 表示 gross domestic outflows,GDO WITH IR 表示考虑了外汇储备资产变化的总国内资本流出,GDO WITHOUT IR 表示未考虑外汇储备资产变化的总国内资本流出,NET IN-FLOW WITHOUT IR 表示 GFI 与 GDO WITHOUT IR 的差。

资料来源:国家外汇管理局网站。

事实上,自 2014 年第二季度起至 2016 年第四季度,资本持续流出中国,如果 2008 年金融危机期间中国面临的跨境资本流动规模收缩是由于全球金融风险的增加,那么在 2015 年全球金融风险处于相对低位的背景下,为什么资本持续流出中国?尤其是 2016 年第三季度,总私人资本流出(不包含外汇储备规模的变化,图 3.6 中对应"GDO WITHOUT IR")达到 2 192 亿美元。回顾 2015～2016 年中国的金融市场状况,2015 年 6 月中国股票市场大幅波动,证监会于 2016 年初在我国资本市场首次实施指数熔断机制,但随后紧急叫停。

另外,从图 3.6 可以看出,体现外国投资者投资行为的总资本流入(GFI)和国内投资者投资行为的总资本流出(GDO WITH IR)呈现出不同的特征,相较于总资本流出,总资本流入的波动性较低。不包含外汇储备变化的净资本流入(NET INFLOW WITHOUT IR)等于国家外汇管理局公布的国际收支平衡表中的非储备性质金融账户余额与误差遗漏项之和。由于经常账户余额+非储备性质金融账户余额＋外汇储备变化＋误差与遗漏＝0，因此，当经常账户余额为正时，非储备性质金融账户余额与误差遗漏项之和为正，外汇储备变化必然为负，在国际收支服务贸易统计（BOP）中，外汇储备变化为负表示外汇储备规模的增加，因此，图3.6中不包含外汇储备变化的净资本流入（NET INFLOW WITHOUT IR）从国际收支平衡表的角度解释了中国外汇储备规模自2014年6月以来下降的原因。

（二）中国跨境资本流动影响因素的实证分析

近年来，中国资本账户开放进程不断推进。2018年6月，中国A股正式被纳入摩根士丹利资本国际公司（MSCI）的新兴市场指数和全球基准指数，这表明未来可能有稳定的国际资金流入。债券市场上，作为国际三大债券指数之一的彭博巴克莱全球综合债券指数将从2019年4月起用时20个月将人民币计价的中国国债和政策性债券纳入彭博巴克莱全球综合债券指数，完全纳入全球综合指数后，人民币计价的中国债券将成为第四大计价货币债券，这标志着中国债券市场在全球化进程中取得突破性进展。

随着中国资本市场的逐步开放，与之相关的跨境资本流动问题再次成为经济学家和政府部门关注的焦点。国家外汇管理局2017年年报中明确指出，2018年"贸易和投资保护主义有所抬头，跨境资本流动稳定性面临外部冲击风险"，要"防范跨境资本流动风险"。跨境资本流动的最新研究表明，仅仅关注净资本流动难以识别出影响跨境资本流动的重要因素，应将资本流动区分为总资本流入和总资本流出。总资本流入主要体现国际投资者的投资行为，而总资本流出主要体现国内投资者的投资行为，国内外投资者由于信息不对称、风险偏好等因素，对国内外宏观经济变量的反应不同（Broner et al.，2013；Alberola et al.，2016）。

那么，影响中国跨境资本流动的主要因素有哪些？近年来被广泛关注的国际、国内金融风险状态是否同样对中国的跨境资本流动产生影响？为回答以上问题，本部分研究将刻画中国金融市场系统性风险的金融压力指数（图3.7中CFSI）加入实证分析模型，重点考察国际金融风险和中国金融市场压力与跨境资本流动的关系。

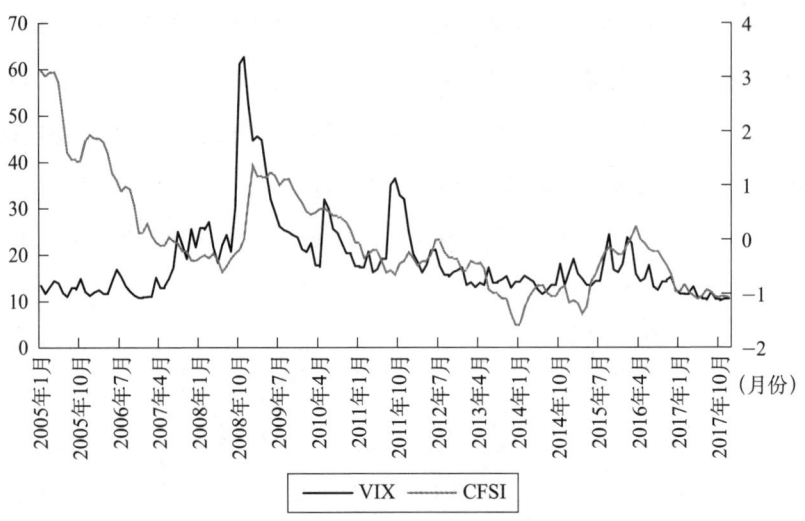

图 3.7　2005 年 M1～2017 年 M12 全球风险状况与中国金融压力状况

注：VIX 数据来自芝加哥期权交易所官方网站，原数据为日数据，图 3.7 的 VIX 月数据为日数据收盘价的月平均值，VIX 对应左侧坐标轴；CFSI 数据来自王和洪（Wang and Hueng，2019），对应右侧坐标轴。

1. 相关文献综述。

国际资本流动的驱动因素通常被分为"推动因素"和"拉动因素"（IMF，World Economic Outlook，2011），而事实上，对跨境资本流动的"推动因素"和"拉动因素"更为清晰的解释可以划归到资本跨境流动的趋利动机和避险动机。2008 年国际金融危机反映出国际资本对风险的敏感性极强，国际资本跨境流动的避险动机表现十分突出。2008 年国际金融危机爆发期间，新兴市场的国际资本流动规模从 2007 年的 1.24 万亿美元的高点急速收缩至 2008 年的 6 705 亿美元（张明、肖立晟，2014），体现了新兴经济体在 2008 年期间遭遇了资本逆转（capital reversals），全球性风险的急剧增加被认为是引发资本逆转的重要因素（Eichengreen and Gupta，2016）。由此可见，跨境资本流动常常表现出避险动机。但以往研究对跨境资本流动避险动机的分析往往仅关注全球性风险，对经济体自身的风险状况关注不足，仅有少量文献考虑了经济体的政治风险、金融压力水平等因素对跨境资本流动的影响（Alberola et al.，2016）。鉴于此，本部分研究将重点考察中国金融系统风险状况对中国跨境资本流动的影响。

国际资本流动驱动因素问题的研究初期是以大卫·李嘉图的比较优势理论为基础，通过从利率、汇率以及资本收益率和东道国物价水平等趋利性因素角度出发解释国际资本的跨境流动现象（Fleming, 1962；Frenkel and Levich, 1975）。近年来，较多研究着重关注资本跨境流动的避险动机。弗拉茨彻（Fratzscher, 2012）将经济危机引入资本流动分析框架中，研究发现，在经济危机期间，全球金融市场风险指数以及国际资本流动性等代表风险的因素对净资本流动的影响总体上更为重要，在风险性因素的驱动下，资本会从新兴经济体向发达经济体流动。福布斯和沃诺克（Forbes and Warnock, 2012）强调全球性金融风险因素的变化对于解释资本跨境流动不同时期的变化是最有效的。同时福布斯和沃诺克（2012）还强调，一个国家应该加强抵抗资本流动风险的能力，而不是将全部精力花费在如何降低资本流动的波动风险上。此外，布罗内尔等（Broner et al., 2013）研究发现，国际资本流动存在顺周期性。当全球经济萎缩、全球金融风险较高时，无论是在外国投资的本国居民或机构，还是在本国投资的外国居民或机构，总体上而言，都会选择将输出资本回流，即减少资本向外国的投资并撤回一定数量的已投资到国外的资本；而在全球经济扩张、全球金融风险较低时，外国投资者会扩张在本国的投资，同时本国投资者也会更多地将资本投资到国外市场。高希等（Ghosh et al., 2014a）通过对56个新兴市场国家的数据研究发现，资本是否向新兴市场国家集聚，既取决于新兴市场国家与美国之间的利率差异，也取决于投资者对风险的偏好水平。张广婷（2016）通过因子分析法研究了28个具有代表性的新兴市场国家，研究发现，在金融危机前，趋利因素对跨境资本流动的影响更显著，国内经济基本面是影响FDI流入的主因，而汇率、利率以及国际风险变动等因素对跨境证券组合投资的影响更为显著；但是在金融危机之后，跨境资本对风险性因素的反应更加显著。

在对中国跨境资本流动的研究中，李庆云、田晓霞（2000）的研究表明，中国政府为吸引外资而制定的内外资差别待遇政策以及国外较高的实际利率共同促使国内资本外流，但是中国严格的资本管控和较高的GDP增速抑制了资本外流的速度和规模。李曦晨等（2017）的研究发现，代表趋利性因素的中美利率差异、预期汇率水平、经济增长速度以及房价增长速度对跨境资本流动的影响最为显著。张明（2015）针对中国2014年第二季度起发生的短期资本持续外流现象，分析了引发本轮短期资本外流的原因，研究认为，人民币兑美元贬值预期、中美经济增速以及中美利差收窄、全球投资者风险偏好程度下降等因素是导致短期资本流出中国的主要因素。这些因素分别体现了跨境资本的趋利性和避险性。张等（Cheung et al.，2016）在研究中国的资本外逃影响因素时，同时考虑了利差、GDP 增长率等趋利性因素，以及政治风险、资本管制等避险性因素。

另外，需要注意的是，有少数学者将区域性金融风险指标引入对跨境资本流动的分析框架中进行研究。在针对卢卡斯悖论（Lucas Paradox）的研究中，莱因哈特和罗戈夫（Reinhart and Rogoff，2004）发现东道国资本市场的风险水平以及政治风险水平都会阻碍资本向东道国流入。显然，这里的资本市场风险水平在一定程度上反映了东道国的金融风险水平。类似地，阿尔法罗等（Alfaro et al.，2008）在对卢卡斯悖论的研究中发现，制度质量（institutional quality）对资本是否会由富裕国家流向贫穷国家起到了关键影响作用。这里的制度质量指标是由国际间国家风险指标（international country risk guide，ICRG）构建而成。ICRG 指标是由国家宏观经济风险、金融风险以及政治风险三个风险加权构成。此外，全和扎克（Quan and Zak。2006）以经济风险、政治不稳定性和政策不确定性三个指标为基础对 45 个发展中国家的资本外逃数据进行分析，研究发现这三个国别性风险指标通过影响投资人资产分配决策进而对资本外逃产生显著影响。成等（Cheung et al.，2016）在研究中国资本外逃影响因素时未考虑全球性风险因素的影响，而是将关注点放在与中国经济环境相关的国别性因素上。阿尔伯罗拉等（Alberola et al.，2016）将代表新兴国家金融压力水平的全球新兴市场债券指数（Global EMBI +）引入对跨境资本流动的分析模型中，通过对 63 个国家 20 年的季度数据进行分析后发现，一个国家的外汇储备量对减少本国资本外流具有缓冲作用，同时研究结果也证实新兴国家金融压力水平对跨境资本流动具有显著影响。然而遗憾的是，阿尔伯罗拉等（2016）的研究样本中并未包含中国。

通过对相关文献的梳理可以发现，在分析跨境资本流动驱动因素时，大多数研究都会考虑汇率、利率、国家经济基本面和全球金融风险等因素。近年来，国别性因素特别是国别金融市场因素逐渐受到关注（Caballero et al.，2008；Forbes，2010；Ju and Wei，2011）。而在针对中国跨境资本流动的研究中，尚未有研究探讨中国金融市场系统性风险状况对跨境资本流动的可能影响。本部分基于已有研究，在考虑汇率、利率、国家经济基本面、全球金融风险等因素的基础上,重点考察中国金融市场系统性风险对资本流动,尤其是跨境资本总流出的影响。在中国资本市场逐步开放的背景下,探索跨境资本流动的驱动因素有助于提高资本流动的监管效率,有效防范资本异常波动造成的负面影响。

2. 变量选择及模型构建。

实证分析选取 2005 年第一季度至 2018 年第四季度的相关数据,样本容量为 56。具体来看,本部分实证模型包含的变量如下。

被解释变量为中国面临的跨境资本流动,根据前面的分析可知,关注净资本流动难以识别出影响跨境资本流动的重要因素,因此,本部分根据跨境资本流动的最新研究,考虑被解释变量为中国跨境资本总流出(private gross domestic outflows,PGDO)和中国跨境资本总流入(gross foreign inflows,GFI)。依照布罗内尔等(2013)、阿尔伯罗拉等(2016)等研究对总跨境资本流出和总跨境资本流入的界定,总跨境资本流入表示非居民对本国资产的净买入或卖出,此时的行为主体是非居民,即非本国的居民或机构,其值可正可负。GFI 的值为正时,代表在一定时间段内非居民对本国资产净买入;GFI 的值为负时,代表在一定时间段内非居民对本国资产的净卖出。类似地,总跨境资本流出表示本国居民(含机构)对外国资产的净买入或卖出,此时的行为主体是本国居民,其值可正可负。PGDO 为正时,表示本国居民对外国资产的净买入;PGDO 为负时,表示本国居民对外国资产的净卖出。

值得注意的是,关于跨境资本总流出的计算,部分学者未考虑外汇储备增量,并声称未考虑外汇储备变化的总资本流出为"总的私人资本流出"(Forbes and Warnock,2012;Alberola et al.,2016)。而布罗内尔等(2013)的研究在计算总资本流出时则考虑了外汇储备增量,即不区分私人资本流出与官方资本流出而计算总资本流出。事实上,官方储备的变化作为国际收支平衡表金融账户中的一个子项,其所代表的"资产"变化在大多数情况下,很难用影响私人资本流动的趋利、避险动机来解释,很可能是货币当局为实现特定的政策目标而主动改变外汇储备存量的规模(Wang and Hueng,2019)。

鉴于此,本部分研究参考阿尔伯罗拉等(2016)等的处理方式,考察不包括外汇储备变化的跨境资本总流出。具体地,基于阿尔伯罗拉等(2016)对跨境资本总流出和跨境资本总流入的测算方法,对中国跨境资本总流出(PGDO)和中国跨境资本总流入（GFI）进行测算。其中，PGDO由国际收支平衡表中资本项目下非储备资产科目的资产项相加而得。由于本部分研究所使用的中国国际收支平衡表来自国家外汇管理局网站，该表中金融账户下各科目资产增加记为负号，所以PGDO的最终计算结果需乘以-1，确保正的PGDO值代表跨境资本流出。GFI由国际收支平衡表中资本项目下非储备资产科目中的负债项相加而得。为了剔除资本流动的规模效应，PGDO与GFI分别计算其与当季GDP的相对比值。

具体形式如下：

$$PGDO = (-1) * (FDI\_ass + PI\_ass + OI\_ass + FD\_ass)/GDP \quad (3.4)$$

$$EOGDO = (-1) * (FDI\_ass + PI\_ass + OI\_ass + FD\_ass + Error)/GDP \quad (3.5)$$

$$GFI = (FDI\_lia + PI\_lia + OI\_lia + FD\_lia)/GDP \quad (3.6)$$

式（3.4）中，FDI_ ass代表对外直接投资资产项，PI_ ass代表证券投资资产项，OI_ ass代表其他投资资产项，FD_ ass代表金融衍生工具资产项。式（3.5）中，Error代表误差与遗漏项。类似地，式（3.6）中FDI_ lia代表对外直接投资负债项，PI_ lia代表证券投资负债项，OI_ lia代表其他投资负债项，FD_ lia代表金融衍生工具负债项。GDP代表同期中国名义GDP产值。

另外，考虑到中国近年来国际收支平衡表中误差与遗漏项的绝对规模较大（见图3.8），而误差与遗漏项通常被用来衡量非官方记录的资本外逃，因此，本部分研究在式（3.4）的基础上，将误差与遗漏项加入总资本流出，以求更为全面地考察资本流出的影响因素。考虑误差与遗漏项的总资本流出被记为EOGDO。

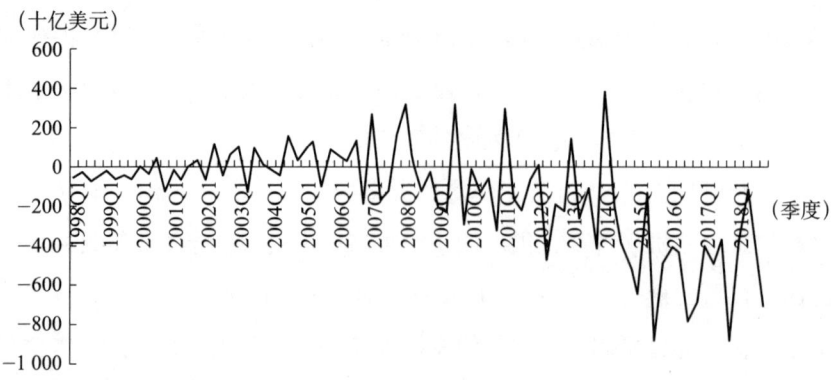

图3.8　1998Q1~2018Q4中国国际收支平衡表中误差与遗漏项

资料来源：国家外汇管理局公布的中国国际收支平衡表中误差与遗漏项。

进一步地，参考阿尔伯罗拉等（2016）的做法，本部分研究将被解释变量作 4 个季度的滚动平均标准化，如式（3.7）所示：

$$\hat{Y}_t = \frac{\sum_{t=-3}^{0} Y_t}{\sigma_Y}, \text{ where } Y_t = \{GFI_t/GDP_t, PGDO_t/GDP, EOGDO_t/GDP_t\} \quad (3.7)$$

基于已有研究，本部分选取的解释变量包括两个维度：趋利性因素及避险性因素。其中，趋利性因素主要考虑中国实际 GDP 增速（CHNGDP）、美国实际 GDP 增速（USGDP）、人民币汇率预期（EXR）以及美国货币市场实际利率（USR）；避险性因素主要考虑代表全球风险状况的芝加哥期权交易所波动率指数（VIX）指数以及代表中国金融市场系统性风险的金融压力指数（CFSI）。另外，本部分研究考虑的控制变量是经常账户余额（Fratzscher，2012；Broner et al.，2013；Alberola et al.，2016），同样取经常账户余额与 GDP 的比值的形式，记作 CURRENT。因此，实证分析的回归方程如式（3.8）所示：

$$\hat{Y}_t = \beta_0 + \beta_1 \cdot CHNGDP_t + \beta_2 \cdot USGDP_t + \beta_3 \cdot CURRENT_t + \beta_4 \cdot EXR_t \\ + \beta_5 \cdot USR_t + \beta_6 \cdot VIX_t + \beta_7 \cdot CFSI_t + \varepsilon_t \quad (3.8)$$

中国实际 GDP 增速（CHNGDP）反映的是中国的宏观经济基本面，且大致决定了资本在中国的投资回报率（张明，2015），因此，本研究预期中国实际 GDP 增速是吸引外国投资的重要影响因素，即 CHNGDP 与 GFI 呈现正相关关系。

另外，其他经济体的经济增长状况也被认为是影响跨境资本流动的因素之一。如果发达经济体经济增速下降，资本则会流向新兴经济体以追逐更高的利润率（Reinhart and Reinhart，2008）。本部分研究选择美国实际 GDP 增速作为其他经济体经济增长状况的代理变量，主要原因包括如下两点：第一，美国是世界第一大经济体，同时，也是吸引外国资本最多的经济体；第二，美国经济的状况某种程度上体现了世界经济的走势。因此，美国实际 GDP 增速可以被视为世界经济基本面因素。但值得注意的是，中国的 GDP 增速自 20 世纪 90 年代初开始始终处于中高速增长阶段（见图 3.9），并高于世界经济的平均增长速度，因此，基于资本的趋利性，资本留在中国便可以大致实现较高的收益率。此外，由于中国 GDP 增速长期高于世界经济的平均增长速度，所以国内投资者对世界经济增速的敏感性较弱，因此，本部分研究预期美国实际 GDP 增速与总资本流出（PGDO 和

EOGDO)之间的实证回归结果将不显著。

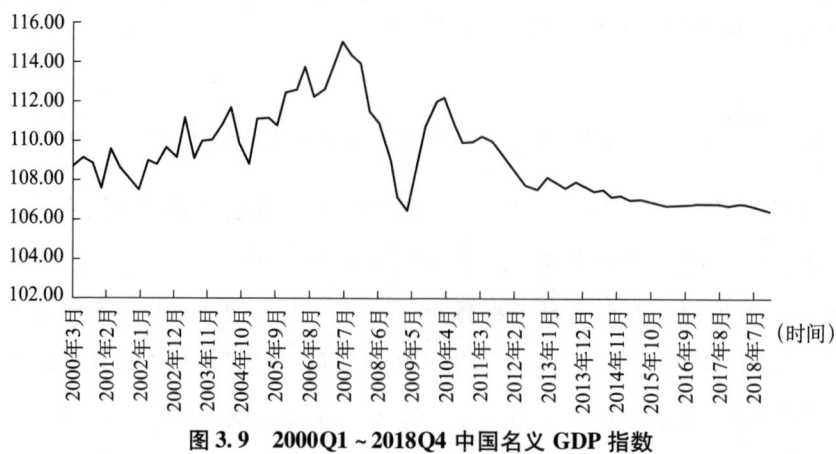

图 3.9　2000Q1~2018Q4 中国名义 GDP 指数

资料来源：CEIC 数据库。

EXR 代表人民币预期汇率。与经济增速的因素类似，汇率预期因素是研究跨境资本流动不可忽视的因素。冈特（Gunter，2017）认为，汇率高估被广泛认为是影响资本外逃的主要因素。高希等（Ghosh et al.，2014a）研究发现，汇率因素对跨境资本流动的规模起到显著影响。本部分研究参考成等（Cheung et al.，2016）的汇率预期构造方法，即使用人民币汇率远期进行构造，计算公式为：

$$EXR = (F - S)/S \qquad (3.9)$$

其中，F 为人民币无本金交割远期汇率（1 年期汇率，¥/$），S 为人民币兑美元的即期汇率（¥/$）。当 EXR 增加时，表示投资者预期未来美元升值，人民币贬值。本部分研究预期 EXR 与 PGDO（或 EOGDO）之间呈正向关系，与 GFI 之间呈负向关系。

USR 为美国 3 个月期国债实际收益率。美国货币市场利率常在研究跨境资本流动问题中被用于代表东道国的外部市场利率。已有研究发现，美国利率水平可以作为全球利率水平的代理变量，美国的利率水平是资本涌入新兴市场的重要影响因素（Calvo et al.，1993；Reinhart and Reinhart，2008；Ghosh et al.，2014a）。本部分研究参考高希等（2014a）对该指标的选取方法，选择美国 3 月期的国债实际收益率作为全球利率水平的代理变量。基于资本的趋利性，本部分研究预期 USR 与 PGDO（或 EOGDO）之间呈正向关系，与 GFI 之间呈反向关系。

除了趋利性因素，本部分研究还选取了两个避险性因素，分别代表全球性风险和中国金融市场风险。其中，芝加哥期权交易所波动率指数（VIX）是用于衡量全球风险程度的通用指标，通常情况下，VIX 值走高，代表投资人预期未来指数波动将加剧；反之，VIX 指数走低，则代表投资人预期未来指数波动将趋缓。福布斯和沃诺克（Forbes and Warnock，2012）的研究表明，当全球风险增加时，本地投资者倾向于将境外投资撤回，同时，在本地投资的外国投资者也会将资本撤回到国外。因此，在避险动机的影响下，VIX 越高，中国跨境资本流入和流出都会减少。我们预期 VIX 与 PGDO（或 EOGDO）和 GFI 的回归系数符号均为负。

对于反映中国金融市场风险的指标，目前广泛采用的是金融压力指数（FSI）。金融压力指数一方面能够反映金融市场的风险状况，另一方面能为政策制定者和投资者提供及时有效的信息。因此，性质良好的金融压力指数至少要满足高频特征，且能够刻画历史上发生的典型金融压力事件。目前，中国金融压力指数的构建存在指数频度过低、对历史事件解释能力有限等问题（王立荣、Hueng，2018）。值得注意的是，王和洪（2019）构建的中国金融压力指数弥补了这方面的缺陷。首先，王和洪（2019）构建的中国金融压力指数为日度指数，指数的高频特征能够为市场参与者提供及时的信息；其次，该指数很好地反映出中国金融市场的系统性压力期，包括 2005 年上半年和 2008 年国际金融危机期间较高的金融压力。值得注意的是，2015 年起中国金融压力指数持续攀升，此时段内恰逢中国经济进入新常态而中国股市剧烈震荡，这一期间，流动性风险急剧上升，因此，该指数很好地拟合出 2015 年中国金融市场的系统性风险状况，同时对于中国金融市场现阶段的状况亦提供了重要信息，即金融压力已经开始下降。本部分研究选取该金融压力指数（CFSI）作为国别性风险因素，用于反映中国金融市场系统性风险。对于总资本流出（PGDO 或 EOGDO），预期 PGDO（或 EOGDO）与 CFSI 正相关，即中国金融市场风险越高，资本流出越多；对于总资本流入（GFI），预期 GFI 与 CFSI 负相关，即中国金融市场风险越高，资本流入越少。

3. 实证结果。

表 3.7 列示了依次加入解释变量的实证结果，被解释变量为总资本流入（GFI）。表 3.7 中第二列结果与第三列结果的差异体现在是否考虑国内金融压力

（CFSI），第二列的结果对应的调整的 R^2 为 0.804，第三列未考虑 CFSI 的调整的 R^2 为 0.696，R^2 增加了 15.52%。另外，值得注意的是，本部分研究考虑的两个避险性因素（全球风险性指标 VIX 和国内风险性指标 CFSI）均具有较高的显著性水平，且总资本流入与全球风险 VIX 正相关，与国内金融风险 CFSI 负相关，这意味着当全球风险增加时，中国面临的总资本流入增加，而国内金融风险增加时，总资本流入减少。总资本流入与全球风险 VIX 的正相关可能源于全球风险与国内金融风险之间较低的相关性，VIX 与 CFSI 的相关系数仅为 0.379[①]，当全球风险增加时，中国金融市场风险由于与全球风险相关性较低，致使中国金融市场对于外国投资者而言更具吸引力，成为外国投资者避险的选择。总资本流入 GFI 与国内金融风险 CFSI 的负相关则可以解释为外国投资者对国内金融风险的规避，当国内金融风险增加时，外国投资者选择减少对中国的跨境投资，即减持其持有的中国资产。

表 3.7　　　　　　　　　总资本流入 GFI 的实证结果

变量	总资本流入 GFI						
CHNGDP	0.312 (0.023)	0.080 (0.610)	0.049 (0.757)	-0.192 (0.106)	-0.019 (0.908)	0.287 (0.095)	0.250 (0.148)
USGDP	0.571 (0.004)	0.712 (0.003)	0.449 (0.007)	0.394 (0.021)	0.604 (0.015)	0.455 (0.095)	
CURRENT	0.027 (0.805)	-0.018 (0.896)	0.071 (0.571)	-0.032 (0.791)	0.537 (0.000)		
EXR	-0.654 (0.000)	-0.815 (0.000)	-0.778 (0.000)	-0.892 (0.000)			
USR	-0.313 (0.159)	-0.474 (0.085)	-0.583 (0.032)				
VIX	1.324 (0.001)	0.637 (0.125)					
CFSI	-1.690 (0.000)						
Adjusted R^2	0.804	0.696	0.686	0.661	0.268	0.057	0.022

注：表中括号内的数据为 p 值。

另外，表 3.7 的结果进一步证实了全球经济增长率（USGDP）是总资本流入

---

① 该数值由作者计算得到，限于篇幅，未在书中详述。

的重要影响因素，其与 GFI 呈现正相关关系，即全球经济增长率越高，跨境资本的供给越多，流入中国的资本也越多。对于人民币汇率预期因素（EXR），该因素的加入显著地提升了 R^2 值，EXR 加入前后调整的 R^2 从 0.268 增加到 0.661，且人民币汇率预期因素在 1% 的显著性水平下显著异于 0。人民币汇率预期因素与总资本流入之间的负相关表明，随着美元升值预期的增加，流入中国的总资本降低，这进一步印证了资本的逐利本质。

表 3.8 列示了不考虑误差与遗漏项的总资本流出的实证结果。从该结果来看，首先，中国的经济增长率（CHNGDP）是资本流出的重要影响因素，当国内经济增速增加时，私人资本流出下降，两者呈现显著的负相关关系，这也证实了资本的逐利本质。其次，对于全球经济增速，在考虑风险性因素（全球风险 VIX 和国内金融风险 CFSI）之前，该指标是显著的，但考虑了风险性因素之后，其显著性明显下降。最后，对于资本流出来说，人民币汇率预期因素不显著，尽管其符号为正符合经济含义。同样，美国利率对总资本流出的影响在符号上是符合经济含义的，即美国利率越高，资本流出越多，但未通过显著性建议。

表 3.8　　　　　　　总资本流出 PGDO 的实证结果

变量	私人总资本流出（不考虑误差与遗漏项）						
	PGDO						
CHNGDP	-0.625 (0.000)	-0.556 (0.000)	-0.488 (0.001)	-0.365 (0.001)	-0.392 (0.000)	-0.137 (0.214)	-0.171 (0.136)
USGDP	0.023 (0.888)	-0.018 (0.914)	0.552 (0.000)	0.580 (0.000)	0.548 (0.000)	0.423 (0.018)	
CURRENT	0.660 (0.000)	0.673 (0.000)	0.482 (0.000)	0.543 (0.000)	0.447 (0.000)		
EXR	0.111 (0.238)	0.159 (0.086)	0.079 (0.463)	0.138 (0.167)			
USR	0.015 (0.938)	0.063 (0.750)	0.300 (0.195)				
VIX	-1.587 (0.000)	-1.383 (0.000)					
CFSI	0.501 (0.093)						
Adjusted R^2	0.649	0.634	0.473	0.465	0.455	0.112	0.024

注：表中括号内的数据为 p 值。

值得注意的是，对于全球性风险因素和国内金融风险因素而言，两者对资本流出（PGDO）的影响均是显著的。表 3.8 第二列数据显示，全球风险因素（VIX）与 PGDO 负相关，表明全球风险（VIX）越高，私人资本流出越少，体现了资本的避险本质；国内金融风险因素 CFSI 与 PGDO 正相关，表明国内金融风险越高，私人资本流出越多，同样体现了资本的避险本质。

表 3.9 列示了将误差与遗漏项视为国内投资者出于某种考虑通过非正规渠道跨境转移资本的情况下总资本流出的影响因素。对比表 3.8 与表 3.9 的结果可以发现，各影响因素的回归系数符号和显著性水平均未发生显著改变，但国内不稳定因素（CFSI）的显著性水平（表 3.9 第二列）进一步提高，为 1% 水平下显著异于 0。这一结果是值得被重视的，因为这在某种程度上解释了近年来中国误差与遗漏项的大幅度增加，这可能是国内投资者对近年来不断攀升的国内金融压力的反应。

表 3.9　　　　　　　　总资本流出 EOGDO 的实证结果

变量	私人总资本流出（考虑误差与遗漏项）						
	EOGDO						
CHNGDP	-0.700 (0.000)	-0.589 (0.000)	-0.526 (0.001)	-0.310 (0.003)	-0.373 (0.001)	-0.300 (0.003)	-0.331 (0.002)
USGDP	-0.020 (0.900)	-0.088 (0.605)	0.442 (0.002)	0.492 (0.001)	0.415 (0.008)	0.380 (0.015)	
CURRENT	0.400 (0.000)	0.422 (0.000)	0.244 (0.024)	0.336 (0.002)	0.128 (0.146)		
EXR	0.221 (0.016)	0.299 (0.002)	0.224 (0.038)	0.326 (0.002)			
USR	0.226 (0.227)	0.304 (0.131)	0.524 (0.023)				
VIX	-1.616 (0.000)	-1.286 (0.000)					
CFSI	0.813 (0.005)						
Adjusted R^2	0.648	0.589	0.435	0.383	0.260	0.243	0.164

注：表中括号内的数据为 p 值。

以上实证结果证实了国内金融压力是中国跨境资本流动的重要影响因素，且当国内金融压力增加时，中国将面临总资本流入的减少和总资本流出的增加，从净资本流动的角度来看，这意味着国内金融压力增加时，净资本流入将会减少，这可能会导致外汇储备规模的被动下降，外汇储备充足性将面临挑战！

基于前面的分析，考虑到潜在的资本外逃因素而基于 M2 指标测算的中国外汇储备充足性尚未满足 IMF 的充足性口径，但这一结论是需要审慎对待并进一步推敲的。考虑到中国资本账户有序开放的背景，基于 M2 指标测算外汇储备充足性是存在问题的，而影响外汇储备规模的跨境资本流动的主要驱动因素之一是国内的金融稳定状况，若政策当局能够充分重视中国金融市场的稳定状况，保证不发生系统性金融风险，中国是很难出现大规模净资本流入下降的，对于中国目前的外汇储备规模而言，其充足性是满足的。

第四章

"非超额"外汇储备助推实体经济之路径
——维持国内金融稳定

外汇储备的运用可以结合外汇储备是否能够满足"正常用汇"需求这一标准划分为外汇储备的正常运用和外汇储备的创新运用。所谓"正常用汇"需求是指外汇储备用于其传统的领域,如满足国际收支需求、稳定汇率等。国际货币基金组织(IMF)于 2012 年公布的相关指导性文件——《修订的外汇储备管理指南》(revised guidelines for foreign exchange reserve management)强调,合理的外汇储备管理应该能够增强一国或区域联盟抵御各种冲击的能力,尤其在金融危机爆发期间。

另外,从 2011 年国家外汇管理局年报中首次提及拓展外汇储备创新运用,到成立外汇储备委托贷款办公室(SAFECo – Financing),专门负责创新外汇储备运用这项工作,再到"拓宽外汇储备运用渠道"被写入 2015 年中国《政府工作报告》,近年来国家高度重视发挥外汇市场支持国家经济社会发展的积极作用。

结合前面的结论,若政策当局能够充分重视中国金融市场的稳定状况,对于中国目前的外汇储备规模而言,其充足性是满足的。基于此,本书第四章将重点探讨"非超额"外汇储备助推实体经济的路径,即维持国内金融稳定;第五、第六章将探讨"超额"外汇储备如何创新运用以助推实体经济增长。

第四章 "非超额"外汇储备助推实体经济之路径——维持国内金融稳定

第一节 外汇储备维持金融稳定的理论基础

实体经济能够得以平稳增长的一个重要条件是国内金融系统的稳定。而外汇储备管理的目标之一即稳定宏观经济。国家外汇管理局官方网站提供的《国家外汇管理局年报2017》明确指出,"外汇储备是我国宏观经济稳健运行的重要保障。外汇储备在维持国际支付能力、防范金融风险、抵御危机冲击等方面发挥了重要作用""外汇管理部门将……把促进贸易投资自由化便利化以服务实体经济、深化金融体制改革以防控系统性金融风险放到更加突出的位置",要"维护外汇市场稳定,防范跨境资本流动风险,保障外汇储备安全、流动和保值增值,维护国家经济金融安全"。[①] 由此可见,中国的外汇储备经营管理十分重视外汇储备维护国际收支平衡的功能,以及外汇储备保持经济金融稳定的功能。另外,中国人民银行2005年成立金融稳定分析小组并每年发布《中国金融稳定报告》,体现了政策当局对金融体系稳健性状况的高度重视。外汇储备作为货币当局政策工具篮中的一种,应当在维护金融稳定方面发挥重要作用。

有研究指出,外汇储备的积累有助于保持一国金融稳定（Obstfeld et al., 2010）。危机前持有较高外汇储备[②]的国家,在金融危机中其经济波动更小,尤其是在资本账户开放度不高的情况下（Matthieu Bussiere et al., 2015）。对于受到金融危机冲击的国家,实行临时性的资本管制对于缓解国际金融危机的冲击,也可以起到有效遏制危机进一步扩散的作用。2008年雷曼兄弟倒闭继而对全球金融系统产生巨大冲击,冰岛是此次金融危机中最先遭受重大冲击的国家。冰岛三大银行（Glitnir, Kaupthing and Landsbanki）面临信贷枯竭,而三大银行的资产总额超过冰岛全年GDP总额的14倍（C. W. Reykjavik, 2015）,这迫使冰岛政府实施资本管制以阻止资本外逃和本国货币的进一步贬值。随后,冰岛经济稳步

[①] 《国家外汇管理局年报2017》来自国家外汇管理局官方网站→出版物→国家外汇管理局年报。
[②] 这里指的是外汇储备的相对规模,马修·布西尔等（Matthieu Bussiere et al., 2015）选择外汇储备与短期债务的比值。

复苏，并于 2015 年 6 月解除资本管制。而冰岛的国际储备在金融危机期间并未出现下降态势，冰岛在应对国际金融危机、保持金融稳定方面使用资本管制替代了使用国际储备。

然而，有研究表明，资本管制使得公共资本流动（外汇储备）与私人资本流动不能完全替代，从而储备资产可以有效吸收经济冲击，以保持金融系统稳定，进而稳定国内经济，即外汇储备与资本管制（capital control）是互补的（Matthieu Bussiere et al.，2015）。由此可见，在金融危机期间，无论是资本管制对外汇储备使用的替代，还是资本管制与外汇储备使用的协调，在应对外部冲击、保持国内金融稳定方面，已有的相关研究和其他经济体的政策实践均构成了中国外汇储备管理的有益参考。

下面在理论层面探讨外汇储备维持国内金融稳定的可行机制。

一、从三元困境到四元困境

蒙代尔—弗莱明（Mundell-Fleming 模型）开放经济模型的一个关键预测是不可能同时实现以下三个政策目标：货币政策独立、汇率稳定和金融一体化。以上政策选择上的矛盾，也被称为"三元困境"（Trilemma）。

艾森曼、金和辛（Aizenman, Chinn and Ito, 2013）构建了三元困境指数，目前包括 1960~2017 年 172 个国家/地区的货币独立性（monetary independence, MI）指数，1961~2017 年 181 个国家/地区的汇率稳定（exchange rate stability, ERS）指数，1970~2016 年间的 181 个国家/地区的金融开放度指数（financial openness/integration, KAOPEN, Chinn-Ito 指数）。汇率稳定指数是计算母国和基准国之间每月汇率的年度标准差，把该标准差置于汇率稳定指数的分母中，并将其标准化，以使汇率稳定指数取值在 0~1 之间，取值越高，代表汇率稳定性越强。货币独立性指数的构建思想是，货币独立程度以母国和基准国每月利率之间的年度相关性的倒数来衡量，值越高，代表货币独立性程度越高，取值在 0~1 之间。金融开放度指数取值越高，代表金融一体化程度越高。

艾森曼、金和辛（2013）公布的三元困境指数表明，1979~2017 年工业化国家的金融一体化程度逐渐增加，自进入 21 世纪开始，汇率稳定性也逐渐增强，但货币政策独立性在下降。这也印证了三元困境的思想逻辑，如果开放经济体追求金融一体化和汇率稳定，则必须放弃货币政策独立性这一政策目标。

新兴市场经济体在布雷顿森林体系瓦解以后采取了有管理的灵活的汇率制度，事实上，这得益于国际储备的大量持有以及中等水平的货币政策独立性和金融一体化。这种选择有助于更好地适应冲击，政策选择趋于一致的新兴经济体的产出波动往往较小。

图4.1绘制了1997~2017年中国的三元困境指数。中国的汇率稳定指数从2005年汇率制度改革以后出现了波动，在此之前，汇率稳定指数为1，代表汇率稳定性水平较高；2005年以后，中国采取有管理的浮动汇率制度，自此开始，汇率稳定指数开始下降。中国的货币独立性指数基本处于0.4~0.6之间。对于衡量金融一体化程度的金融开放指数，艾森曼、金和辛（2013）选择了辛和藤（2006）构建的金融开放指数，利用该指数测算出的中国金融开放度始终处于常值状态。

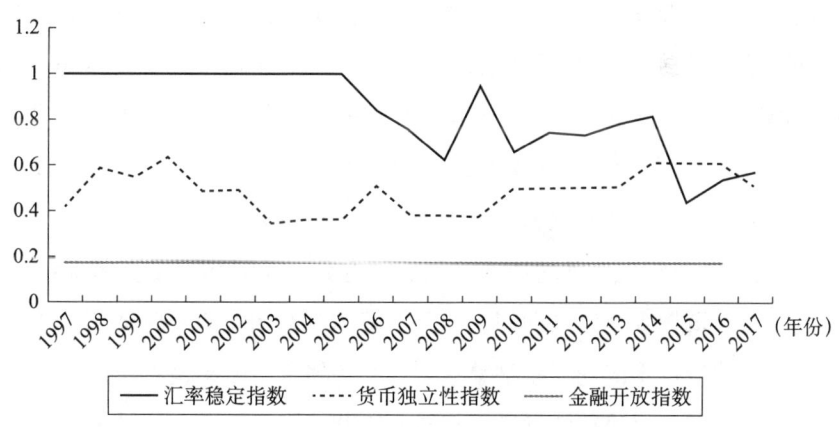

图4.1　1997~2017年中国三元困境指数

资料来源：http://web.pdx.edu/~ito/Trilemma_indexes.htm；Aizenman, Chinn and Ito (2013)。

虽然三元困境在现代开放宏观经济教科书中被广泛使用，但需要注意到，三元困境的框架在布雷顿森林体系期间，即20世纪50年代和60年代蒙代尔—弗莱明模型被构建的年代，更为有效。而在当前的全球经济背景下，其有效性需要重新解读。首先，面对三元困境，各国可以选择某种具有混合性质的二元政策目标,例如有管理的浮动汇率制、受管制的金融一体化、有限的货币政策独立性。其次,后全球金融危机时期引起了人们对汇率制度重要性的再思考。雷伊(Rey,2013)认为,美国的货币政策以压倒性优势决定了允许部分金融一体化的国家的货币政策(无论其汇率制度如何),从而将三难困境减少为两难。最后,20世纪90年代的金融危机(主要影响新兴市场),以及2008年全球金融危机和2009年开始的欧洲债务危机,已经使金融稳定成为最初三难政策目标以外的另一个关键政策目标。事实上,金融稳定并非完全是新的政策目标,布雷顿森林体系时期普遍的资本管制使金融稳定问题未得到应有的重视。因此,金融稳定在三元困境的原始框架中并未明确体现出来,这反过来暗示了三元困境实际上应该转变为"四元困境",增加了政策工具(例如国际储备的预防性使用、宏观审慎监管、中央银行之间的货币互换等)也可能会影响金融稳定以及其他政策目标的实现。

值得注意的是,新兴市场国家的经济体在20世纪90年代初经历了逐步提高其金融一体化程度的过程,同时试图维持汇率的稳定。金融开放导致跨境资本流入量大量增加,也带来了经济繁荣,同时表现为资产负债表中硬通货借款的敞口不断增加。这种模式反映出新兴市场国家无法以本国货币借款,这是"原罪"假设造成的。随着时间的流逝,这些国家中越来越多的国家暴露于由资本流动的"资本骤停"和热钱的资本外逃引起的金融危机中。国际储备的流失导致国际收支危机和汇率危机,伴随着频繁救助系统性重要银行。

回顾过去40年新兴市场的历史,我们注意到,三元困境的关键是缺乏宏观政策工具。在布雷顿森林体系期间,与私人资本流动相关的金融动荡是极少出现的,因为这些跨境资本流动大多被禁止。当有跨境资本流动被批准时,也会同时进行监管,要求在严格执行的规则下运转。因此,与初始资本流动相关的金融动荡不是政策当局优先考虑的政策目标,因为这些资本流动规模很小,大多是可预测的且受到监管。

然而,在20世纪90年代,情况发生了迅速变化,新兴市场选择了更自由的资本流动,取消了过去对跨境资本的控制。随之而来的危机把这些国家的主要政策关注点放在了金融稳定上。可以说,20世纪60年代最初的三元困境在20世纪90年代演变为四元困境,在此基础上,金融稳定已被添加到最初的三元困境政策目标中（Aizenman，2018）。

在全球金融一体化的大趋势下，金融稳定已经是一种公共产品（public good），甚至可以说是国际领域的公共产品。如何在实现经济内部均衡的同时，保持金融稳定应该是政策制定者当下需要考虑的重要问题。艾森曼（Aizenman，2018）认为，三元困境从20世纪90年代起已经演变为四元困境，即将金融稳定作为宏观经济管理新的政策目标。

奥布斯特菲尔德（Obstfeld，2015）也指出，金融全球化使得宏观经济管理变得更加困难。货币政策在实现诸多国内经济目标时，其政策效果受到很大影响，这也使得新的宏观经济政策和金融政策能够带来更大的边际价值。奥布斯特菲尔德（Obstfeld，2014）承认，金融领域的"三难选择"意味着在资本自由流动的情况下，一国宏观审慎政策的效果大打折扣。奥布斯特菲尔德（2015）认同雷伊（2013）关于全球金融中心国家的货币政策会通过跨境的信贷流动和杠杆作用传导至外围国家从而影响外围国家（尤其是新兴市场）货币政策的独立性的观点，但仍然强调汇率制度在这一传导过程中的重要作用，认为传统的"三元困境"仍然有效。尽管传统的"三元困境"依然存在，但金融全球化使得这种政策权衡的难度大大增加，金融领域的"新三难"选择正变得日益重要。全球化使得货币政策的运用存在更大的局限性，即使是实行浮动汇率的国家也面临同样的问题。于是，更大的问题在于开放经济条件下保证金融政策有效的难度大大提高。

二、外汇储备化解"三元困境"的可行机制

（一）外汇储备可以缓解"三元困境"约束[①]

在如何化解"三元困境"的相关研究中，多位学者提及外汇储备的重要作用。艾森曼等（2010）的研究指出，持有大量的外汇储备（外汇储备占GDP的

[①] 关于外汇储备化解"三元约束"可行机制的部分论述引自王立荣的阶段性成果《资本账户开放进程中的中国外汇储备管理研究》（经济科学出版社2018年出版）。

比重超过21%）可以放松"三元困境"的约束条件，从而可能同时实现三个目标，即汇率稳定、资本自由流动和货币政策的独立性。文章对工业化国家、新兴市场、非新兴市场的发展中国家的汇率稳定性程度、金融开放度（金融一体化程度）、货币政策独立性三个指标进行测度，以产出稳定增长、低通货膨胀、通货膨胀率稳定等宏观经济指标作为被解释变量，"三元困境"涉及的三个指标、外汇储备、全球金融冲击和其他控制变量等作为解释变量，运用7个五年期面板数据（1972~1976年，1977~1981年，1982~1986年，1987~1991年，1992~1996年，1997~2001年，2002~2006年）进行计量分析，最终支持了作者的推断：持有大量外汇储备的经济体，可以在保持两个指标值不变的条件下（如汇率的稳定性和金融一体化程度不变），提高另外一个指标值（货币政策独立性）；与持有较低外汇储备的经济体相比，持有大量外汇储备的经济体的三个指标值的加权平均值要更高。这也解释了为什么新兴经济体大量累积外汇储备，其动机即在于缓解"三元困境"约束，实现更多政策目标。因此，艾森曼等（2010）得出结论，在探讨"三元悖论"问题时，不能忽视外汇储备的重要作用。

在探讨"三元困境"架构（trilemma configuration）稳定性的过程中，波珀（Popper et al.，2013）发现，当一国持有的外汇储备数量较高时，其政策当局对三种政策目标的布局是相对稳定的。艾森曼等（Aizenman et al.，2013）在对新兴经济体和发展中国家的类似研究中，得出了相同的结论，即外汇储备是一种起缓冲作用的政策工具，可以保证三种政策指标的相对稳定，即外汇储备是使得新兴经济体在短期内同时实现汇率稳定、独立货币政策和金融一体化三个目标的重要政策工具。因此，无论从何种角度来看，外汇储备可以应对外部冲击从而为政策当局的各种政策工具赢得更多发挥效力的空间是被广泛证实的。另外，布西埃等（Bussière et al.，2015）发现，在全球性金融危机爆发期间（2008~2010年），危机前的外汇储备与资本管制均与一国的经济增长呈正相关，即外汇储备和资本管制均被用来缓冲外部冲击的影响。因此，在探索化解"三元悖论"约束问题时，应该考虑外汇储备的重要作用。

那么，外汇储备化解"三元困境"约束的机制是怎样的呢？在资产组合平衡模型的理论框架下，施泰纳（Steiner，2015）阐述了外汇干预作为资本管制的替代工具，可以保证一国拥有独立的货币政策和稳定的汇率，从而有效化解"三元困境"约束。另外，施泰纳（2015）还指出，"三元困境"是长期内开放经济体面临的政策约束，短期内是有可能同时实现三个政策目标的，只要采取必要的政策，如动用外汇储备。

根据施泰纳（2015）的研究可知，外汇储备化解"三元困境"约束的机制可以描述如下：假设世界上只有两个国家，美国和外国；只有两种资产，美元证券和外国证券，资产不完全替代。金融市场上的投资者除了美国和外国的私人投资者以外，外国的中央银行也被视为投资者[①]。因此，外国的私人投资者和外国的中央银行都需要对美元资产和外国资产进行资产配置。尽管美元资产与外国资产不完全替代，但资本是自由流动的，如果中央银行不干预外汇市场，则资产市场出清需要汇率的相应调整。在外国央行事先确定某一利率水平的前提下（即外国央行拥有独立的货币政策），面对资产市场上的供需失衡，外国央行采取运用外汇储备干预外汇市场的方式稳定汇率，但在此过程中并不扩张或紧缩央行的资产负债表，而仅仅是通过调整其资产一方外国资产和外汇储备（美元形式持有）的相对比重实现对外汇市场的干预，保持汇率稳定。基于以上理论分析，其还对包括工业化国家、新兴市场和发展中国家在内的159个经济体1970~2010年的相关数据展开实证分析，证实自20世纪90年代起，中央银行运用外汇储备在外汇市场上的干预行为缓解了"三元困境"的约束条件，这一政策效果在新兴市场表现得尤为突出。

（二）外汇储备可以改变私人部门悲观预期

除了缓解"三元困境"的约束条件，外汇储备还可以通过改变私人部门预期的方式，使政策当局维持金融稳定。博科拉和洛伦佐尼（Bocola and Lorenzoni, 2017）提供了一个具有微观基础的一般均衡模型。博科拉和洛伦佐尼（2017）指出，以往的研究认为，新兴经济体在过去20年大量积累外汇储备可以帮助国内政策当局应对金融恐慌，运用积累的美元资产为国内金融体系充当最后贷款人。以往的理论模型大多是在固定汇率制度的假设下展开探讨，令人感到困惑的

[①] 假设美国的中央银行并不干预外汇市场。

是，新兴市场加速积累外汇储备的时期是这些经济体中许多放弃了固定汇率制并选择了更灵活的汇率安排的时期。浮动汇率制度下的外汇储备积累有何依据？此外，事后金融干预的一个共同问题是，它们会扭曲事前冒险的动机。在危机期间积累的用于支持金融部门的外汇储备可能得到适得其反的效果，并通过类似于救助担保的机制，促使国内机构借入更多的外汇。

鉴于此，博科拉和洛伦佐尼（2017）基于浮动汇率制度的假设，以具有金融支持机制且信誉有限的新兴市场为背景，说明和解释了这些问题。该理论考虑了私营部门有关其资产和负债的货币组成的决策。首先，作者证明了存在多重均衡的可能性，在不良的均衡中，国内金融机构主要发行美元债券，并且容易挤兑。与现有理论不同，美元债务是均衡的结果，因为国内储户希望以美元储蓄，以此来防范金融恐慌。其次，作者提供了一个论据，说明为什么外汇储备可以在浮动汇率制度下改善金融稳定性。主要思想是：外汇出版可以很好地应对私人部门的悲观预期，从而可以帮助官方当局进行切实干预以消除不良的均衡。在其框架内，这些干预措施可以事前产生稳定作用，从而减少美元债务。金融部门中美元债务的存在使这种危机更有可能发生，从而引发多重均衡。作者研究表明，当国内储户担心未来危机的可能性时，他们会通过储蓄美元来自我保险。但是，本国货币储蓄的减少导致银行发行更多的美元债务，从而使经济体面临未来发生金融危机的风险。持有外汇储备可以对冲政府的财政状况并增强其信誉，从而保持金融稳定性。

关于"三元困境"的最新研究进展对于中国而言具有重要的指导性意义。一方面，中国是世界上持有外汇储备最多的国家，这为中国使用外汇储备合理干预外汇市场提供了有效的政策工具，也为其他宏观经济政策发挥效力提供了更大的空间；另一方面，中国对资本账户实施相对严格的资本管制。国际货币基金组织近年来已经开始承认资本管制在保持金融稳定方面的重要作用。外汇储备与资本管制同时作为央行的货币政策工具，两者的搭配使用对于中国而言是中央银行的最优政策组合。在全球经济持续低迷、国际金融形势变化依然波诡云谲的情况下，中国的政策当局如何运用政策工具，在保证经济持续增长的前提下保持金融稳定，是亟待解决的重要问题。

第二节 外汇储备与金融稳定——基于中国数据的实证分析[①]

2008年爆发的世界性金融危机使国际社会重新反思传统的微观审慎监管方法的内在缺陷，并加强了对宏观审慎监管的重视。宏观审慎监管的目标体现在减少系统性风险、增强金融体系的整体稳健性（陈雨露、马勇，2012），维护金融稳定。由于每次金融危机均伴随着信贷泡沫和跨境资本的大规模转移，在实践中，国际社会对资本流动管理的主流态度从完全的资本自由化转变到必要的资本流动管理（彭兴韵、王伯英，2016），国际货币基金组织也于2012年公开表示支持成员方在特定情况下采取措施管控跨境资本流动。对资本流动实行宏观审慎管理逐渐成为共识，尤其是如何应对跨境资本异常流动对金融体系带来的冲击成为各国必须解决的重要问题。

随着中国资本账户的逐步开放，中国与世界经济的联系将更加紧密，全球金融市场的动荡对中国金融市场的稳定状态也将产生更大影响，中国金融市场和经济发展面临的不确定性会显著增加。党的十八大以来，更是反复强调要把防范金融风险放到更加重要的位置，采取一系列措施牢牢守住不发生系统性风险的底线。

近年来中国的金融市场并未出现大的动荡，金融体系的整体稳健性较高。这其中外汇储备发挥了非常重要的作用，中国货币当局持有的高额外汇储备能够提供自我保险、增强广大投资者对中国金融体系的信心（张明，2017）。然而，自2014年起资本持续流出中国。比较明显的现象是2016年1月末央行口径外汇占款下降6 445亿元人民币，创历史第二大降幅，仅次于2015年12月7 082亿元人民币的降幅。若按照间接法测算此时段的中国短期资本流出规模，则2015年12月流出资本1 809亿美元，为自2002年以来单月短期资本流出的峰值[②]。一方

[①] 外汇储备与金融稳定的实证分析部分发表于SSCI刊物 *International Finance*。
[②] 此处提及的间接法为短期资本流动＝月度外汇占款增量－月度出口与进口差额－月度实际利用FDI。2016年1月，央行首次在金融机构人民币信贷收支表中公布中央银行外汇占款，为统一数据口径，计算短期资本流动的外汇占款数据为央行口径的外汇占款。外汇占款数据单位为亿元人民币，在对单位转化为美元单位时，使用了人民币兑美元即期汇率的月度数据，汇率数据来自CEIC；月度进出口差额及实际利用FDI数据来自中经网。

面是大规模的跨境资本流动,另一方面是中国金融市场的相对稳定,对于此种现象,已有研究认为是中国的资本账户管制与中国持有的高额外汇储备共同发挥了重要作用。

那么中国政策当局在对外汇储备的动态管理中,是否兼顾了金融体系稳健性这一目标?在宏观审慎监管的框架下,中国的外汇储备需求管理应考虑哪些特殊因素?如何做到对资本外流或潜在的资本外逃可能产生的负面冲击进行合理对冲?为回答上述问题,本章在综合考虑中国经济特色的前提下,选取2015年1月~2017年12月的月度时间序列数据进行实证分析,以验证中国外汇储备审慎性需求管理考虑的主要因素。

本章研究的创新之处体现在以下三个方面:第一,针对已有研究在选取潜在资本外逃代理变量方面存在的问题,本章研究构建了中国金融压力指数,以度量中国金融市场的不稳定性,而金融市场的不稳定可能是诱发资本外逃的重要因素;第二,高频度外汇储备规模的变化更能准确反映外汇储备管理的动态特征,故本章研究选择月度数据而弃用以往研究经常使用的年度数据;第三,在对月度数据的季节调整方面,本章研究借鉴季节调整研究的最新研究成果,参考罗伯特和怀特(Roberts and White, 2015)的方法,对不同时间序列依据改进的赤池信息准则(AICC)剔除中国特有的移动假日效应(春节效应),在此基础上剔除常规的季节性因素如趋势—周期因素、季节成分等,这样的季节调整方式更为科学,调整后的数据也可以及时反映经济的瞬时变化。

一、外汇储备需求影响因素的文献述评

在宏观审慎监管框架下,外汇储备的管理将更多地与金融稳定联系在一起。关于金融稳定与外汇储备的关系,大多数文献探讨的是外汇储备的充足性问题,即出于预防性、审慎性动机,为避免金融危机导致的经济混乱,保持金融体系稳定,一个经济体(不具有国际主导货币权利的经济体)应该持有充足的外汇储备。美国财政部于2015年4月公布的年报(Report to Congress on International Economic and Exchange Rate Policies)称,中国持有的外汇储备显然超过了所谓储

第四章 "非超额"外汇储备助推实体经济之路径——维持国内金融稳定

备充足性的标准值（benchmarks of reserve adequacy）①。而有趣的是，在国际货币基金组织最新发布的外汇储备充足性的相关报告中，并未给出具有普适性的外汇储备充足性指标，而是强调单一的指标或模型是无法刻画每一个经济体外汇储备充足性的（IMF，2015），在充分考虑外汇储备可以降低一国发生国际收支危机的概率、维持经济金融稳定的情况下，从审慎性动机的角度评估外汇储备需求是非常重要的。

另外，研究外汇储备需求动机的分析往往采用面板数据，但却发现对其他发展中国家拟合程度良好的模型，无法对中国的外汇储备问题给出充分的解释。艾森曼（Aizenman，2008）曾指出，中国经济独特的增长路径以及近年来从未发生货币危机的事实，使得对其他经济体解释能力良好的外汇储备最优规模模型不适用于中国。因此，本章研究放弃面板数据模型，使用时间序列模型分析中国的外汇储备需求问题。

官方持有外汇储备的动机主要被归结为审慎性动机、重商主义动机和追赶动机。其中，审慎性动机即外汇储备的充足性问题至今仍是学术界关注的焦点，而且审慎性动机被大多数实证分析所证实（Aizenman and Marion，2003；Aizenman and Lee，2007；Obstfeld et al.，2010）②。亚洲金融危机爆发以后，应对跨境资本流动异常变化逐渐成为研究外汇储备审慎性需求的重要考虑因素。跨境资本流动的异常变化主要包括资本骤停（sudden stop）和资本外逃（capital flight）。鲁伊斯·阿兰兹和扎瓦吉尔（Ruiz-Arranz and Zavadjil，2008）运用最优保险模型计算了11个亚洲新兴经济体的最优储备规模，强调亚洲新兴经济体的外汇储备是应对资本骤停对国内产出和消费产生负面影响的缓冲资本；1997~1998年金融危机之后，亚洲经济体持有的绝大部分储备可以用审慎性动机来解释。杜尔杜等（Durdu et al.，2009）运用随机跨期均衡框架分析了经济体为应对产出波动、金融一体化和资本骤停风险，而倾向于累积外国资产。珍妮和兰西埃（2011）基于效用最大化模型，推导出小型开放经济体为应对资本骤停而应该持有的最优外汇

---

① 根据吉多蒂—格林斯潘（Guidotti-Greenspan）准则，一国至少应持有足以支付短期对外债务的外汇储备，即短期对外债务与外汇储备的比为1。2014年中国短期外债与外汇储备规模的比率为17.78%，远低于100%。数据来自国家外汇管理局。

② 外汇储备的充足性问题也主要是基于审慎性动机构造各种充足性指标。

储备量。

随着全球金融一体化程度的提高，与资本外流（capital outflows）相关的跨境资本流动逐渐成为货币当局考虑的重要因素。阿提什等（Atish et al.，2012）认为，随着新兴经济体金融开放程度的不断提高，持有更多储备以应对资本外流是十分必要的。卡明斯基和莱因哈特（Kaminsky and Reinhart，1999）在探讨银行危机与货币危机关系的研究中强调，国内银行体系或金融部门的脆弱性是导致货币危机发生的重要原因。奥布斯菲尔德等（2010）重点关注了内部耗竭（internal drain）的可能性对外汇储备需求的影响，由于国内银行体系的存款是国内资本外逃的主要资金来源，因此，选取M2（M2与GDP的比值）作为潜在资本外逃发生的代理变量，利用134个国家1980~2004年的非平衡面板数据构建了基于金融稳定的外汇储备需求模型，结果表明，应对内部耗竭即潜在的资本外逃是影响外汇储备需求的重要因素。奥布斯菲尔德（2011）也强调审慎性的储备不仅可以应对外部危机，也可以应对内部危机。国内金融市场的不稳定容易引发国内投资者将本币兑换为外币，因此，当国内金融体系的脆弱性明显增强时，中央银行应该持有更多储备以应对可能的资本外逃。对于中国而言，艾森曼（2008）认为在过去的十几年，中国为了保障经济增长而采取相对宽松的货币政策致使货币供应量和不良贷款均大幅增加，由此造成的银行体系脆弱性可以通过持有大量的外汇储备得以缓解。

传统的研究外汇储备充足性或外汇储备需求问题时，主要考虑经济规模、进口需求、偿还短期外债的需求、汇率波动性、发生资本骤停的概率（或其可能导致的经济损失）等指标。根据中国宏观经济的实际状况可知，中国的短期外债规模与外汇储备规模相比是比较小的，且已有研究表明，近年来中国并未经历资本骤停（Jeanne and Rancière，2011；Bianchi et al.，2013）。随着中国外汇储备规模的持续下降，反而是资本外逃成为学术界关注中国外汇储备管理的新焦点（余永定，2014）。

综上所述，第一，学术界包括国际货币基金组织等重要机构对外汇储备审慎性需求的研究仍然十分重视。金融危机往往伴随着大规模的跨境资本流动，为尽可能地弱化其负面影响，各国加强了对跨境资本流动的宏观审慎监管，其中，运用外汇储备对冲资本流动的负面冲击、保持国内金融体系稳定成为外汇储备管理的重要职能。第二，现有研究将中国与其他亚洲经济体或新兴市场置于统一的计量分析框架下，分析外汇储备审慎性需求的影响因素是不合理的。鉴于中国在外汇储备规模、金融市场稳定、资本骤停等方面呈现出的特殊性，有必要运用时间序列数据对中国的外汇储备审慎性需求因素进行实证考量。第三，在考虑资本外流或潜在的资本外逃方面，已有的指标选取存在明显的问题：爱迪生（2003）以及奥布斯菲尔德等（2010）均使用货币供应量M2作为内部耗竭（资本外逃）可能性的代理变量，认为M2可以作为潜在的欲将本币兑换为外币进而耗损外汇储备的指标。然而，使用货币供应量作为衡量潜在资本外逃的指标存在诸多问题：首先，如果使用M2作为潜在资本外逃的代理指标意味着M2越大，货币当局需要的审慎性外汇储备量应该越多，而事实上两者之间的关系可能是反向关系，因为未被央行冲销的外汇储备增加必然使得货币供给量增加（Taguchi, 2011）；欧阳等（Ouyang et al., 2010）认为，即使对冲交易有净边际收益，中国人民银行也没有试图完全冲销外汇储备对国内货币供给的影响。其次，米什金和施纳布尔（McKinnon and Schnabl, 2009）认为，M2的高增长很大程度上是中国高储蓄率的自然结果，银行存款是中国储户的主要金融资产。因此，随着时间的流逝，金融不稳定既不是中国M2的唯一也不是主要的决定因素。再其次，艾森曼和李（2007）指出，无论金融不稳定处于何种状态，银行存款与外汇储备都是互补性关系，即同向变动。因此，选择M2来衡量国内金融不稳定问题（这使中国有动力积累外汇储备）并不是很令人信服。最后，已有研究多选用年度数据分析外汇储备审慎性需求问题，而年度数据容易掩盖外汇储备规模的动态变化从而使分析结果不够准确。鉴于已有研究存在的缺陷，本章研究将采用月度时间序列数据，同时构建中国金融压力指数作为衡量国内金融不稳定，即潜在资本外逃的代理变量，通过构建多元回归模型分析中国外汇储备的审慎性需求。

二、中国金融压力指数的构建

中国金融压力指数（Chinese financial stress index, CFSI）可衡量中国金融市场的压力程度。与堪萨斯城联储的金融压力指数（the Kansas City Fed's financial stress index, KCFSI）和圣路易斯联储的金融压力指数（the St. Louis Fed's financial stress index,STLFSI)类似,我们的 CFSI 通过使用主成分分析模型构建,该模型提取了一组金融变量共同变动的因素。这些变量中的每一个都应捕捉金融压力的某些方面,并迅速反映金融状况的变化。根据哈克和基顿(Hakkio and Keeton,2009)的研究可知,金融压力的主要特征包括:资产基本价值的不确定性增加,其他投资者行为的不确定性增加,信息不对称性增加,持有风险资产的意愿降低(flight to quality)以及持有非流动资产的意愿降低(flight to liquidity)。

KCFSI 使用的变量包括金融资产的收益率价差和资产价格的波动率。STLFSI 添加了各种利率和一些已发布的衡量金融资产行为的指数。通常,变量可分为三类:市场利率,收益率价差和资产价格行为。但是,由于中国金融市场尚未完成利率市场化,因此,我们仅包括有限数量的市场利率及其利差,并且更多地依赖于我们自己构建的资产价格的实际或预期行为。

对于市场利率,如白等(Bai et al.,2013)所述,中国国债市场在传递市场信息方面效率不高。因此,我们选择:(i)两个短期利率:3 个月的 AAA 商业票据利率和 3 个月的香港银行间同业拆借利率(HIBOR);(ii)两个中期利率:2 年期和 5 年期利率掉期,分别用来代表两年和五年市场利率;(iii)两个长期利率:10 年期 AA + 和 BBB + 公司债券利率。

对于收益率利差,我们使用如下变量:(i)反映期限结构的两个利差:私人公司 AAA 和 AA + 债券和票据的平均 5 年/3 年期利差,以及 5 年/2 年期利率掉期利差;(ii)反映风险结构的三个利差:10 年公司 AA +/ BBB 利差,5 年和 3 年期私人公司债券和票据的平均 AAA/AA + 利差以及 3 个月的 HIBOR/CGB 价差①。

第三组变量包括 11 个指标,这些指标反映了债券市场、外汇市场、证券化市场和股票市场的资产价格行为,主要包含高阶矩。第一个指标是新加坡国立大学风险管理研究所制定的中国的价值加权公司脆弱性指数(the value-weighted corporate vulnerability index,CVI)。它试图刻画中国的总体信用风险。中国所有上市公司的违约概率都是根据"历史股票市场违约和这些公司的财务报表数据"计算得出的,其中违约被定义为"破产申请,利息和/或本金的遗漏或延迟支付,

---

① 反映 LIBOR / T-bill(TED)价差。

和债务重组/陷入困境"。①

在债券市场中,我们收集 1 年期和 5 年期主权零息债券收益率波动率,以刻画对国民经济和政府财政状况造成的压力。在外汇市场中,我们选择人民币 3 个月和 1 年的期权隐含波动率来刻画汇率风险,金融危机通常与异常的汇率不确定性和避险情绪激增有关,两者都反映在货币期权价格所隐含的波动性中。因此,人民币期权隐含波动率可以用来衡量对冲人民币贬值的成本。

在金融衍生品市场中,主要考虑 5 年期主权债务的信用违约掉期(CDS)。信用衍生产品被视为衡量风险的一种工具,其中 CDS 已成为交易最广泛的信用风险转移工具(Ammer and Cai,2007)。特别是对于新兴经济体,主权风险是外国投资者评估其外国直接投资和证券投资风险的重要指标(Eyssell et al.,2013)。因此,我们使用主权债务的信用违约掉期来刻画全球投资者对中国金融市场投资风险的态度。

除了上述衍生品市场发布的指数之外,我们还基于股票市场数据构造了另外五个变量。基于 KCFSI,我们可以计算股市波动率、银行股票收益的横截面离散度以及银行业股票收益的异质性波动率。每月股市收益波动率是通过上证指数每日收益的标准偏差来衡量的。银行股票收益的横截面离散度是 WIND 数据库下列出的 16 家商业银行月收益的标准差。银行业股票收益的异质性波动率则在利用资本资产定价模型的基础上,计算当月的每日异质性回报的标准差。

洪和斯坦(Hong and Stein,2003)以及洪和麦当劳(Hueng and McDonald,2005)认为,股票交易量或周转率代表着投资者对股票价格的观点差异,这反映了股票市场的不确定性。因此,我们在 CFSI 的计算中增加了两个周转率(交易量除以自由流通市值):总体股票市场(上海证券交易所+深圳证券交易所)周转率和银行股票(CSI300 银行)周转率。

在解释上述 22 个金融变量的共同变化时,金融压力被认为是最重要的因素(第一个主要组成部分)。由于用于构造 CFSI 的大多数金融变量仅可获取 2005 年及以后的数据,因此我们的样本期间为 2005 年 1 月~2017 年 12 月。我们使用主成分的非线性迭代偏最小二乘方法来计算变量的权重。最后,通过同比例变动第

---

① 该定义具体见 http://rmicri.org/cvi/view_cvi/。

一主成分变量的估计权重，以使指数的标准差等于1。

图4.2 绘制了2005~2017年的中国金融压力指数情况，该指数具有零均值和单位方差。样本初期的高金融压力很可能是汇率相对固定以及中国资本账户自由化的结果，这使其薄弱的银行体系面临巨大风险。成等（Cheng et al., 2016）使用跨境贸易的相关数据来衡量中国面临的非法资本外逃。他们发现，1998~2006年，有资本从中国撤出，在此期间，中国有大量的经常账户盈余和净资本流入。这意味着非法资本外逃的操作者可能感知到了高风险，这与我们早期样本中较高的CFSI水平一致。在亚洲金融危机之后，信贷过度扩张极大地刺激了房地产市场，引发了人们对银行贷款质量的担忧。鉴于不良贷款率很高，银行系统容易受到流动性问题的影响。早期样本中对较高CFSI的另一种支持来自对企业脆弱性指数（CVI）的观察，该指数是对金融不稳定的较窄范畴的度量，且该指标可以追溯到2000年。CVI在2005年之前也达到了最高水平，并且2000~2007年呈下降趋势，这与我们构建的CFSI早期的情况类似。

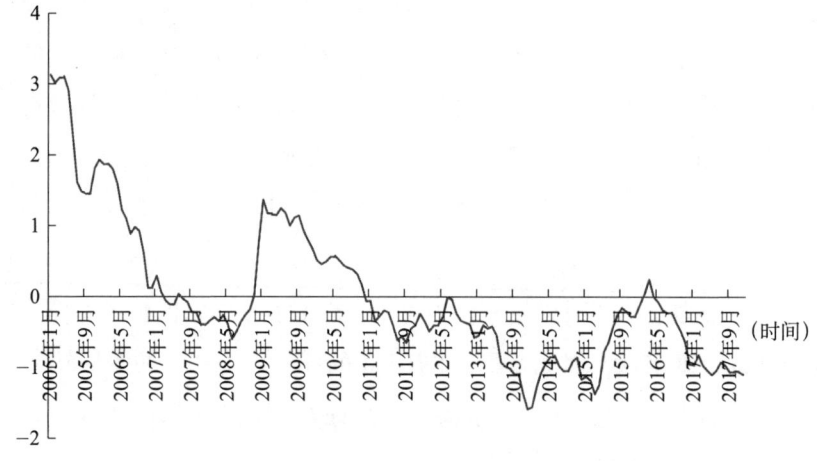

图4.2　2005M1~2017M12 中国金融压力指数

2005年之后，中国实施更加灵活的（有管理的浮动汇率）汇率制度，这使中国能够利用独立的货币政策应对外部冲击。同时，不良贷款及不良贷款率在2006年和2007年持续下降。中国的金融市场表现良好，在全球金融危机全面爆发之前，这往往会吸引资本流入。

CFSI指数成功地反映了全球金融危机带来的金融压力溢出，表现为2008年指数的持续上涨。然后，经过一段长时间的低水平金融压力，该指数于 2014 年开始飙升，反映出银行间市场的流动性短缺以及 2013 年下半年和 2014 年第一季度人民币的升值压力。金融压力水平持续上升也反映出股票价格的迅速膨胀，而彼时的经济表现却并未表现出相同的趋势，股市最终在 2015 年 6 月出现逆转。

三、模型选择与数据处理

基于前面的分析，本章研究运用 2005 年 1 月 ~ 2017 年 12 月的月度数据，在对相关变量进行剔除春节效应的季节处理后，构建时间序列模型分析中国外汇储备审慎性需求的影响因素。

（一）变量及模型选择

通常情况下，对外汇储备需求决定因素的分析包括以下五类指标：经济规模（人均实际 GDP、人口等）、机会成本（储备资产与其他投资之间的收益差）、汇率弹性（汇率制度、汇率的波动性）、经常账户脆弱性（贸易开放度、进口）和资本账户脆弱性（金融开放度、国内潜在资本外逃等）。由于本章研究选取时间序列数据对中国外汇储备的审慎性需求影响因素进行分析，故选择的变量均是随着时间有所变化的变量，对于资本账户开放度指标，根据目前使用较为广泛的辛—藤（Chinn-Ito）指数可知，中国的资本账户开放度在 1993 ~ 2016 年始终为 0.165 8[①]，故而本章研究放弃将资本账户开放度这一指标作为解释变量。

根据前面的分析可知，自 20 世纪末以来，应对跨境资本流动异常变化即资本账户的脆弱性是影响外汇储备审慎性需求的主要考虑因素，具体包括资本骤停和资本外逃。根据珍妮和兰西埃（2011）及比安奇等（2013）的研究可知，中国近年来并未经历资本骤停，因此对于资本账户的脆弱性主要考虑资本外逃的可能性。基于前面分析，对于潜在资本外逃的代理变量，本章选择 CFSI。通常国内金融市场的系统性风险越高，即金融压力越大，发生资本外逃的可能性越大，

---

① Chinn-Ito 指数在 0 ~ 1 之间，指数越接近 1，代表资本账户开放程度越高，如美国的 Chinn-Ito 指数值为 1。

因此，本章预期 CFSI 值越高，发生资本外逃的可能性越大，基于审慎性动机需要的外汇储备量越多，进而考察国内金融不稳定因素是否是中国积极调整外汇储备规模以应对资本外逃的主要考虑因素，即考察外汇储备是否积极应对潜在资本外逃引发的负面冲击。

为控制其他因素的影响，本章研究选取工业增加值、进口、汇率波动性等指标作为其他解释变量，具体的实证模型如下：

$$\Delta\ln(R_t) = \beta_0 + \beta_1 \cdot \Delta\ln(Y_t) + \beta_2 \cdot \Delta\ln(IM_t) + \beta_3 \cdot h_{et}$$
$$+ \beta_4 \cdot \Delta\ln(M_t) + \beta_5 \cdot CFSI_t + \varepsilon_t \tag{4.1}$$

其中，R 代表外汇储备规模，Y 代表经济规模的实际工业增加值，IM 代表进口规模，h_e 代表汇率波动，M 为广义货币供应量 M2，CFSI 为中国金融压力指数，ε 为随机误差项。

实际工业增加值（Y）：文献中对规模变量的选择通常使用 GDP（或 GDP 增长率），但由于 GDP 数据为季度数据，为提高数据频度，本章研究选取实际工业增加值指数，该指数是通过使用报告的工业增加值年度增长率手动得出的，预期该系数为正。

进口量（IM）：进口规模的引入是为了衡量贸易开放度。通常贸易开放度越高的经济体，需要累积越多的外汇储备以满足必要的支付，因此，本章研究预期该系数为正。

汇率波动（h_e）：通常采取浮动汇率制度的经济体无须储备大量外汇储备以干预外汇市场，而采取固定汇率的经济体为保持汇率的相对稳定，需要持有更多储备以干预外汇市场，本章选取人民币兑美元汇率日数据在对应月份的标准差作为衡量汇率波动的指标，预期该系数为负。

货币供应量（M）：按照奥布斯菲尔德等（2010）的计量模型，货币供应量是衡量潜在资本外逃的代理变量，具体指标选择广义货币供应量 M2，预期该系数为正。

中国金融压力指数（CFSI）：该指数数值越高代表金融市场的系统性风险越大，预期其系数为正。本章研究将货币供应量指标和 CFSI 指标同时放入模型（4.1）是为了检验两个指标中哪个指标可以更好地反映潜在的资本外逃。

除 CFSI 以外，所有数据均来自国家统计局和国家外汇管理局官方网站。

（二）数据处理

由于数据时间长度有限，为增加样本容量，同时更好地体现外汇储备规模变化的动态特征，本章研究选取的数据均为月度数据。但使用月度数据进行建模，需要首先进行季节调整，以剔除由于季节性、移动假日效应等因素对月度数据造成的影响[①]。关于时间序列数据的季节调整，目前常用的方法是由美国普查局推出的 X-12-ARIMA 模型。由于中国的月度经济数据要受到春节这一重要移动假日因素的影响，因此，需要对外汇储备规模、工业增加值、进口量和货币供应量这些明显受到春节因素影响的指标进行剔除春节效应的季节调整。为剔除春节效应，本章研究借鉴季节调整研究的最新研究成果，参考罗伯特和怀特（Roberts and White，2015）的方法，对不同时间序列依据 AICC 准则剔除中国特有的移动假日效应（春节效应），在此基础上剔除常规的季节性因素如趋势—周期因素、季节成分等，这样的季节调整方式更为科学，调整后的数据也可以及时反映经济的瞬时变化。

以往研究在春节影响天数的选择方面对所有时间序列变量不加区分，均选同样的子区间影响长度，这显然是不合时宜的，没有考虑不同变量因具有不同特征进而受到春节因素影响的子区间长度也可能存在差异。鉴于此，本章研究依据法定春节放假时间为 7 天，故将节中影响期选为 7 天，节前、节后的影响天数依据适用于有限样本容量的 AICC 准则（Hurvich and Tsai，1989）进行选取：

$$\text{AICC} = -2\log \text{likelihood} + 2p \frac{1}{1 - \frac{p+1}{T - 12D - d}} \tag{4.2}$$

其中，p 为估计参数的个数，D 为季节差分的阶数，d 为常规差分的阶数，T 为样本容量，loglikelihood 为估计参数的对数似然函数值。

本章研究应用 R 程序，在调用 genhol 和 seasonal 等程序包的基础上，对本章研究涉及的四个变量的春节效应进行了处理。在对时间序列数据剔除了春节效应后，再进行常规的季节性调整。本章研究的计量模型中使用的外汇储备规模、工

[①] 对月度数据季节调整的部分内容作为本项目的阶段性成果发表于《统计与决策》2018 年第 16 期。

业增加值、进口量和货币供应量均为按此方法剔除春节效应并经季节性调整之后的数据。由于汇率波动性指标不具有明显的时间趋势和季节性因素，因此，本章研究未对汇率波动性指标作季节性处理。

四、实证结果

外汇储备规模、工业增加值、进口量和货币供应量数据均随着时间推移呈现出不同程度的增长态势，因此，本章并不期望使用 CFSI 指数解释外汇储备规模的长期增长趋势，而是更加关心作为国内资本外逃的代理变量，CFSI 能否解释外汇储备规模围绕其长期趋势的波动性调整，即短期的外汇储备调整是否考虑了潜在的资本外逃。

传统的时间序列分析需要作平稳性检验及协整检验。我们使用 ADF（augmented dickey-fuller）检验（零假设为具有单位根）和广义 KPSS 检验（零假设为平稳序列）确定外汇储备规模、工业增加值、进口量和货币供应量数据呈现出的上升趋势是确定性的还是随机性的。两项测试均清楚地表明，外汇储备规模、工业增加值、进口量和货币供应量的对数均为一阶单整，即 I（1）变量，而汇率波动性为平稳序列。

另外，CFSI 的检验结果存在一定争议，ADF-ρ 检验在 5% 显著性水平下拒绝单位根的零假设，而 ADF-Zt 检验未能以 5% 的显著性水平拒绝零假设。众所周知，ADF 检验对于平稳性的备择假设检验力度较低，因此，我们选择采用广义 KPSS 检验，KPSS 检验的结果是 CFSI 可以视为均值平稳过程。最终的回归方程为前面列示的式（4.1），回归结果见表 4.1。

表 4.1　　　　　　　　　金融不稳定与外汇储备回归结果

变量	(I) OLS		(II) Instrumental Variables				
	A	B	A	B	C	D	E
Y	0.065 (0.427)	0.010 (0.899)	0.040 (0.671)	0.012 (0.888)	0.030 (0.902)	-0.037 (0.647)	0.034 (0.690)
IM	0.030 (0.221)	0.024 (0.292)	0.008 (0.791)	0.032 (0.222)	0.024 (0.361)	0.016 (0.515)	0.027 (0.309)

续表

变量	(I) OLS		(II) Instrumental Variables				
	A	B	A	B	C	D	E
h_e	-0.060 (0.477)	0.005 (0.948)	0.053 (0.614)	-0.029 (0.759)	-0.014 (0.884)	0.050 (0.567)	-0.001 (0.910)
M2	0.564 (0.002)	0.344 (0.052)	1.490 (0.003)	-0.033 (0.953)	0.525 (0.360)	-0.230 (0.642)	0.642 (0.244)
CFSI		0.603 (0.000)		0.681 (0.000)			
CFSI-Interest Rates					0.428 (0.008)		
CFSI-Yield Spreads						0.945 (0.000)	
CFSI-Asset Behaviors							0.403 (0.008)

先分析表 4.1 中的模型（I），即基于普通最小二乘（OLS）的回归结果。表 4.1 中模型（I）对应的 A、B 两列结果分别是不包含和包含 CFSI 指标。在 A 列中，关于产出、进口和汇率波动的估计系数都有正确的符号，但在统计上不显著。产出水平 Y 的回归系数不显著表明，一旦消除了长期随机趋势，产出就不会对外汇储备产生重大的短期影响。进口 IM 回归系数的不显著证实了新兴市场金融一体化程度提高之后，经常账户冲击的脆弱性相对而言不重要。另外，汇率波动的影响不显著，是由于汇率波动的标准差大多小于 RMB0.05/＄，而与变动范围在 RMB7.19/＄～RMB6.11/＄的汇率相比则相对较小。

表 4.1 中模型（I）对应的 A 列回归结果中唯一显著的影响因素是 M2，这在时间序列背景下证实了奥布斯菲尔德等（2010）的论点，即 M2 与外汇储备之间具有正相关关系。但是，在将 CFSI 作为附加解释变量添加到 B 列之后，M2 的估计系数下降，且 p 值增加到 5.2%。值得注意的是，CFSI 对外汇储备具有明显的显著影响。当模型包含 CFSI 后，调整后的 R^2 从 0.078 增加到 0.204。

如前所述，将货币供应量包括在回归中可能会遇到内生性问题，因为未经冲销干预而积累的外汇储备可能导致货币供应量的增加。为了解决此问题，我们使用滞后的 M2 以及模型中当前和滞后的外生变量作为 M2 的工具变量（IV）对模型重新估计。包含和不包含 CFSI 的结果分别显示在表 4.1 模型（II）的 A 列和 B

列中。校正内生性后，当 CFSI 包含在回归中时，M2 对外汇储备的积极影响完全被 CFSI 取代。因此，对于潜在的资本外逃，本章研究构建的 CFSI 比 M2 更好，可以提高积累外汇储备的预防动机。

需要注意到的是，本章研究构建的 CFSI 由三类变量构成：市场利率、收益率利差和资产价格行为。这三个类别变量所代表的金融压力是否会对外汇储备有不同的影响呢？鉴于此，我们使用类似的方法构建了 CFSI 的分指数，分别记为 CFSI-Interest Rates、CFSI-Yield Spreads、CFSI-Asset Behaviors。结果显示在模型（Ⅱ）的 C～E 列。由这三个类别中的每一个类别代表的金融压力得出的结论是相同的：一旦将金融压力的直接度量作为解释变量，M2 对预防性外汇储备需求的影响就会完全消失。基于此，本章研究的实证结果是稳健的。

五、结论与启示

目前，宏观审慎监管的思想已经成为广泛共识，而宏观审慎监管的最终目的是保持金融体系的整体稳健性。中央银行作为金融体系的最后贷款人，有责任维持金融稳定，而国际与国内金融系统的不稳定是导致跨境资本大规模流动的主要因素。目前对于新兴经济体持有较高规模外汇储备给出的解释，开始更多强调的是国内金融体系的不稳定增强了货币当局对外汇资产的审慎性需求。结合中国的相关数据，本章研究实证分析了代表潜在资本外逃的变量、进口规模、汇率波动性等指标对外汇储备规模围绕其长期趋势波动的影响，据此判断外汇储备的动态管理应着重考虑的主要影响因素。实证结果表明，国内金融体系的不稳定性越高，潜在的资本外逃规模越大，为了抑制潜在资本外逃带来的负面冲击，外汇储备持有量的增长率越来越高，即外汇管理部门倾向于持有更多储备以减缓可能的冲击，最终保障金融体系稳定。

中国金融市场正处于转型的关键期，利率市场化改革与汇率制度改革等都是非常突出的改革节点。尽管政策当局采用了资本管制政策来维持稳定的经济环境，但马赫和麦考利（Ma and McCauley，2008）以及成和赫拉拉（Cheung and Herrala，2014）的研究指出，资本管制措施仍然无法消除非法资本流动，而这会给资本市场带来巨大的资本外逃风险。因此，在短期内监控金融稳定状况与将金融稳定作为长期政策目标一样重要。而人民币国际化与资本账户开放的大趋势也对金融体系的整体稳健性提出了更高的要求。更加开放的国内金融市场在全球金融一体化背景下如何保持金融体系稳定，是政策当局关注的重点。中国作为持有外汇储备规模最大的国家，如何利用外汇储备保持国内金融体系的整体稳健显得尤为重要。因此，处理好外汇储备动态管理与国内金融体系稳定的关系，是获取国内金融体系改革成效、推进人民币国际化的重要保障。

第三节　外汇储备保障金融稳定的可行机制

事实上，关于金融稳定的内涵，学术界尚未形成一致的结论。中国人民银行首期发布的《中国金融稳定报告》中对金融稳定给出如下描述：金融稳定是指金融体系处于能够有效发挥其关键功能的状态。这是基于金融功能的视角对金融稳定的内涵予以界定。希纳西（Schinasi，2004）的界定同样强调金融系统的功能，但更加全面，即强调金融稳定是一个动态的、连续的状态（continuum），金融稳定需要金融系统具备以下功能：第一，实现经济资源的有效配置，并提高其他经济活动的有效性，如财富积累、经济增长、社会繁荣等；第二，能够评估、定价、分配和管理金融风险；第三，能够保持以上基本功能。段小茜（2007）则从"制度—功能"的视角界定金融稳定：金融稳定是指金融体系各组成部分内部及其相互之间的制度安排合理，有效发挥风险配置、资源配置等核心功能的运行状态。

另外一些学者采用否定式定义，即定义金融不稳定或者系统性风险。米什金（1999）认为金融不稳定体现在信息不对称问题导致金融体系无法为生产性的投资机会提供资金。戴维斯（2002）认为，金融不稳定甚至会损害实体经济。查恩特（2003）给出如下定义：金融不稳定是指金融市场条件通过金融体系危害或将要危害经济的正常运转；这种金融不稳定既会造成居民、企业和政府等非金融机构融资困难，也会损害特定金融机构和金融市场的正常运转，妨碍其融资功能的实现。还有机构或学者从系统性风险角度描述金融不稳定，G10的金融部门稳定报告（2001年）中这样描述系统性金融风险：某事件可能引起经济价值或信心的损失和下降,并伴随着不确定的增加,导致金融体系中绝大部分部门出现问题,甚至对实体经济产生不利影响。施瓦茨(2008)认为,由于金融系统或金融市场中广泛存在的各部门和各主体间的相互联系,单一或部分主体出现问题即会传导至更大范围,从而引发系统性风险。

关于金融稳定最新也是最具影响力的研究来自舍恩马克(Schoenmaker, 2013),其强调,伴随着20世纪80年代以来开始的第二次金融全球化出现的大型跨国银行是传递金融冲击的主要载体,于是,金融稳定变成一种(国际)公共产品。此项研究强调金融稳定的外部性,尤其关注全球金融一体化条件下某一(国际)银行倒闭给整个金融体系带来的负外部效应。舍恩马克(2013)将金融稳定的研究视角置于金融一体化的背景下,并提出了制约金融稳定实现的约束机制。

结合金融稳定的内涵以及金融一体化背景下"金融三难"造成的国内传统金融政策有效性的下降,并结合短期跨境资本流动规模日益增大的现实状况,外汇储备保障金融稳定的可行机制主要体现在以下几个层面。

一、稳定经济基本面

一国健康的经济基本面是确保金融稳定的重要条件之一。然而在全球经济陷入结构性低迷的背景下,如何促进经济增长是摆在各国政府面前的难题。以美国、日本、英国和欧盟为代表的发达经济体广泛实行的非常规货币政策就是对经济陷入增长困境情形下的政策反映。然而,政策当局货币篮子中的另外一种政策工具——外汇储备在稳定经济基本面方面同样可以发挥重要作用。

外汇储备有助于促进经济增长的机制体现在两个方面:第一,超额储备可以解决有效需求不足的问题,是刺激经济增长的潜在资源。例如,外汇储备可以用于投资战略性产业需要的资本设备、研发费用等,也可以借鉴韩国、新加坡、挪威等的经验对外汇储备实施积极管理以提高外汇储备收益率。第二,最新的研究结果表明(Steiner, 2015),外汇储备作为一国货币当局工具篮子中的重要工具之一,可以化解"三难困境",在保持汇率稳定的情况下,增加货币政策的有效性,从而有利于促进经济增长。在资产组合平衡模型的理论框架下,施泰纳

(Steiner，2015）阐述了一国中央银行如果可以通过外汇储备的适当调整，吸收金融市场对国内外资产相对需求的变动，则可以对冲开放的资本账户带来的影响，可以保证一国拥有独立的货币政策和稳定的汇率，从而在短期内有效化解"三元悖论"约束[1]。在施泰纳（2015）的研究中，其认为外汇储备可以替代资本管制，从而保证在资本自由流动的情况下，经济体仍然可以保持独立的货币政策。这显然对于货币政策发挥促进经济增长的作用而言是非常重要的。

外汇储备稳定经济基本面不仅体现在促进经济增长，还体现在危机时期，持有较高外汇储备的国家可以降低经济波动。在危机期间使用外汇储备为私人部门提供流动性，可以避免由于资本骤停导致的对经济增长产生的负面影响，从而降低经济波动性，放大储备对经济增长的正向作用。另外，外汇储备可以作为反经济周期的政策工具，多明格斯等（Dominguez et al.，2012）的实证研究表明，在金融危机前持有较高外汇储备且在危机期间大量运用外汇储备应对外部冲击的经济体，在危机后其经济增长率水平也相对较高，即经济增长受到金融危机冲击的影响较小。因此，外汇储备具有平抑经济周期，增强经济稳定性的作用。

二、防范资本骤停引发的金融风险

对于外债规模相对较高的经济体而言，资本骤停可能引发主权债务危机，在增加国家风险的同时，经济体需承担主权债务违约造成的经济损失，本·巴萨特等（Ben-Bassat et al.，1992）对这一问题进行了深入探讨。20 世纪 90 年代以墨西哥为代表的新兴经济体发生的资本骤停危机引发了学术界对资本骤停研究的重视。资本骤停，意味着资本流入的下降甚至是资本流出，即失去了在国际资本市场上融资机会，使经济体陷入支付困境[2]；为进一步获取外部融资，则需支付更高的利率以吸引资本流入；这种实际利率的上升可能使银行部门的不良贷款率增加，从而加大国内金融系统的风险，这也是20 世纪90 年代末造成新兴经济体

---

[1] 埃金曼等（2013）也认为，外汇储备是使得新兴经济体在短期内同时实现汇率稳定、独立货币政策和金融一体化三个目标的重要政策工具。

[2] Calvo, Guillermo A. Capital Flows and Capital-Market Crises: The Simple Economics of Sudden Stops [J]. Journal of Applied Economics, 1998, 1: 35 – 54.

爆发危机的重要因素。资本骤停期间，宏观经济往往会出现以下特征：第一，国际资本流动的逆转；第二，国内产出和国内吸收的下降，具体表现为国内生产总值（GDP）的下跌，消费和投资下降；第三，资产价格发生波动，托宾 Q 值下降[①]。

在研究资本骤停的最新研究中，外汇储备规模常常被作为衡量宏观经济基本面的重要控制变量。例如，李等（Li et al.，2019）通过研究 65 个经济体 2000 年 1 月~2015 年 6 月的相关数据，检验了股票与债券流动发生资本骤停的影响因素，其实证结果认为，全球性因素、传染因素和国内因素都对证券资本骤停的发生概率有影响。具体地，高收入国家中股票投资资本骤停更多受到全球性因素的影响，对于债券流动的资本骤停，全球变量是新兴经济体中最重要的协变量，而国内变量在高收入经济体中起着更为重要的作用。对于跨境资本流动的"拉动因素"，是指国内因素，包括宏观经济基本面（工业生产增加值、产出波动、通货膨胀、利率、国际储备、金融账户余额等），金融市场绩效指标（国内股本回报、汇率贬值和信贷增长），金融开放度和金融一体化程度，以及一些制度指标（汇率制度和机构质量）。李等（2019）在选取"拉动因素"时考虑国际储备规模也是基于已有研究的结论，例如，考恩和拉达茨（Cowan and Raddatz, 2013）指出，外汇储备的积累可以防止资本骤停的发生，并在发生资本骤停时提供流动性。

鉴于资本骤停给经济体造成的巨大损失，从 20 世纪 90 年代末开始，新兴经济体开始大量累积外汇储备作为防范资本骤停的缓冲资产。杜尔杜（Durdu, 2009）等运用随机跨期均衡框架分析了经济体为应对产出波动、金融一体化和资本骤停风险，倾向于累积外国资产。大量的实证研究同样支持新兴经济体累积外汇储备是出于预防外部冲击的审慎性动机。因此，持有充足的外汇储备可以有效防范资本骤停可能引发的主权债务危机，避免资本骤停对经济体带来的一系列负面影响。

[①] Enrique G. Mendoza. Sudden Stops, Financial Crises and Leverage: A Fisherian Deflation of Tobin's Q [EB/OL]. Board of Governors of the Federal Reserve System, International Finance Discussion Papers, No. 960, December 2008.

三、降低金融危机发生的概率

外汇储备除了可以作为资本骤停的缓冲资本，还可以作为应对资本外逃（capital flight）的有效政策工具。卡明斯基和莱因哈特（Kaminsky and Reinhart, 1999）认为，国内银行部门或金融部门出现流动性问题时，容易引发货币危机。奥布斯菲尔德（2011）则着重强调了出于审慎性动机持有硬通货，不但可以应对外部危机，还可以用于应对国内金融系统的危机。国内金融市场的不稳定容易促使国内投资者将本币兑换成外币从而规避国内的金融风险，这将造成资本的流出。而大量的资本外流不但极易引发本国货币贬值，严重的甚至会引发银行危机乃至金融危机。

国际货币基金组织关于外汇储备充足性的研究（Assessing Reserve Adequacy, 2013）论证了外汇储备能够降低各类危机发生概率。具体地，通过研究新兴经济体，该报告的实证结果表明，外汇储备规模下降一个标准差，新兴经济体发生货币危机的概率将上升8个百分点，银行危机发生的概率将增加约6个百分点，而流动性枯竭发生的概率增加14个百分点。国际货币基金组织关于外汇储备规模下降增加流动性枯竭概率的实证结果，与奥布斯菲尔德（2011）的研究结果联系起来，可以进一步印证外汇储备规模在保障金融稳定方面的重要性。由外汇储备能够降低货币危机发生概率、降低银行危机发生概率的结论，可以推测出对于影响更为广泛的金融危机，外汇储备同样能够起到预防的作用。

外汇储备在提供支付流动性方面可以作为应对外部冲击的缓冲性工具，能够发挥类似功能的还有央行的货币互换（central bank swap lines）。国际货币基金组织的相关调研结果显示，部分接受调研的经济体认为，国际金融机构提供的掉期额度和或有信贷额度具有与外汇储备类似的特征。然而，中央银行互换额度在某种重要方面与外汇储备有显著差异，尤其是，尽管两者都可以发挥储备金的作用，但中央银行的货币互换并不构成当局的资产，而且在市场压力较大（尤其是几乎接近某种临界状态）时，央行货币互换的可用性尚不确定。另外，货币互换受到额度限制，且货币互换毕竟在时间维度上是临时性的政策工具，受到有效期的限制。

在全球金融一体化程度不断提高的背景下，外汇储备是一国实现国内金融稳定以及汇率稳定的重要政策工具。中央银行持有外汇储备可以保护国内银行部门和国内的信贷市场。开放经济体不可避免地要面对各种金融风险，其中货币错配和内部耗竭（internal drain）与外部耗竭（external drain）的某种组合是中央银行持有外汇储备的主要动因。在这里，内部耗竭是指银行存款向现金的转换造成国内银行体系的流动性枯竭，外部耗竭是指本币资产向外币资产转换造成的外汇储备枯竭。当经济体持有充足的外汇储备时，就可以应对资本外逃引发的金融风险，降低金融危机爆发的概率。

第五章

超额外汇储备助推实体经济之路径一：支持国内战略性新兴产业

在满足外汇储备常规用汇需求的基础上，超额外汇储备助推实体经济的第一个路径体现在如何支持国内的战略性新兴产业。下面将辨析战略性新兴产业在中国实体经济增长中的地位以及现阶段发展过程中存在的问题，在总结外汇储备支持国内战略性产业相关国际经验的基础上，论证中国外汇储备支持战略性新兴产业的实施机制。

第一节 战略性新兴产业在中国实体经济中的地位及其存在的问题

《中华人民共和国国民经济和社会发展第十二个五年规划纲要》中明确提出了"十二五"期间战略性新兴产业的发展目标，"战略性新兴产业增加值占国内生产总值比重达到8%左右"①。"十二五"期间，该目标已经完成。2016年11月，国务院印发《"十三五"国家战略性新兴产业发展规划》（以下简称《规划》），《规划》明确指出，"十三五"时期，"要把战略性新兴产业摆在经济社会发展更加突出的位置"②，由此可见，从国家整体发展的布局层面来看，战略性

---

① 工信部详解战略新兴产业：未来十年年均增速要超21%[J].工具技术，2011（5）.
② 转引自《"十三五"国家战略性新兴产业发展规划》。

新兴产业具有举足轻重的地位。

一、中国战略性新兴产业发展现状

中国的"战略性新兴产业"（strategic emerging industries，SEIs）包括节能环保、新一代信息技术、生物、高端装备制造、新能源、新材料和新能源汽车七大产业，近年来新兴产业的创新能力和盈利能力明显增强。由于数据获取方面的限制，下面概述部分新兴产业的发展现状。

（一）软件和信息技术服务业

以软件和信息技术服务业为例，国家统计局相关数据显示，2018年信息传输、软件和信息技术服务业增加值比上年同期增长30.7%，增速居国民经济各行业之首，占GDP比重达3.6%①。

2018年，全国软件和信息技术服务业软件业务收入63 061亿元，同比增长14.2%（见图5.1）。从工信部提供的数据来看，尽管近年来软件业务收入增速有所放缓，但整体业务收入水平逐年提高，从2011年的1.88万亿元增加到2018年的6.31万亿元，软件业务收入在8年时间里增加了235.64%。信息技术服务业已经成为经济增长的重要推动力量。

在电子信息制造业领域，2019年前三个季度规模以上电子信息制造业增加值同比增长8.9%②，从2018年9月以来的电子信息制造业增加值月增速数据来看（见图5.2），其增长速度平均值高于同期GDP增速，由此可见，电子信息制造业的平稳快速发展是保障实体经济增速平稳的重要保障。

（二）新能源汽车

新能源汽车近年来的销售量呈现出波动增加的态势，图5.3为2016~2019年

---

① 转引自工信部官方网站，《2018年软件和信息技术服务业统计公报解读》。
② 数据来自工信部官方网站《2019年前三季度电子信息制造业运行情况》。

第五章 超额外汇储备助推实体经济之路径一：支持国内战略性新兴产业

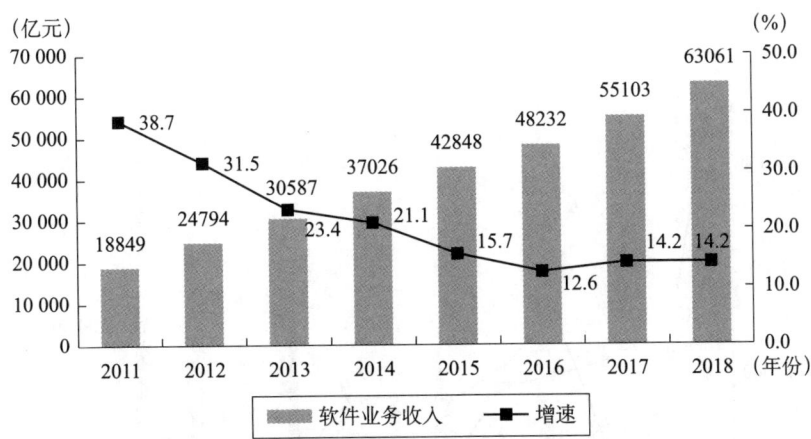

图 5.1　2011～2018 年软件业务收入增长情况

资料来源：图 5.1 转引自中华人民共和国工业和信息化部官方网站。

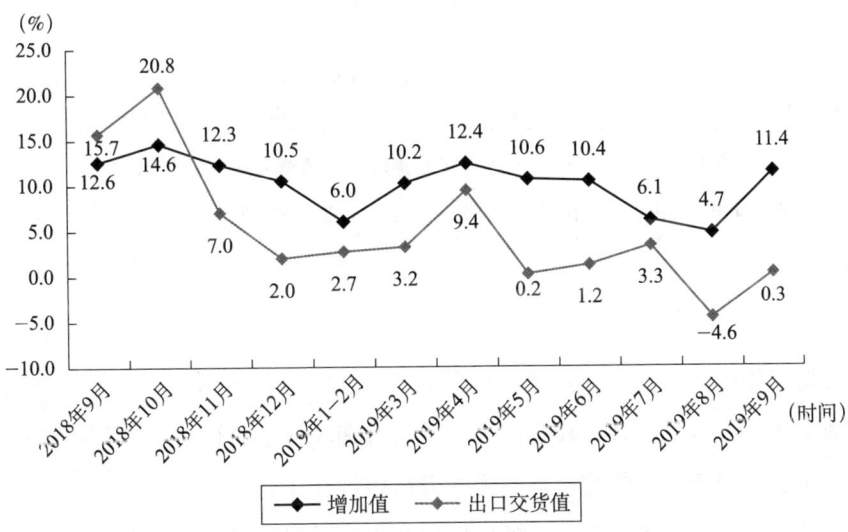

图 5.2　2018 年 M9～2019 年 M9 电子信息制造业增加值和出口交货值分月增速

注：转引自工信部官方网站《2019 年前三季度电子信息制造业运行情况》。

新能源汽车的销售状况及同比增长状况，从 2016～2018 年的新能源汽车销售来看，整体呈现出逐月增加的趋势，尤其是 2018 年 12 月，新能源汽车销售量突破 20 万辆。2019 年 9 月，新能源汽车产销分别完成 8.9 万辆和 8 万辆[①]。

---

① 数据转引自工信部官方网站《2019 年 9 月汽车工业经济运行情况》。

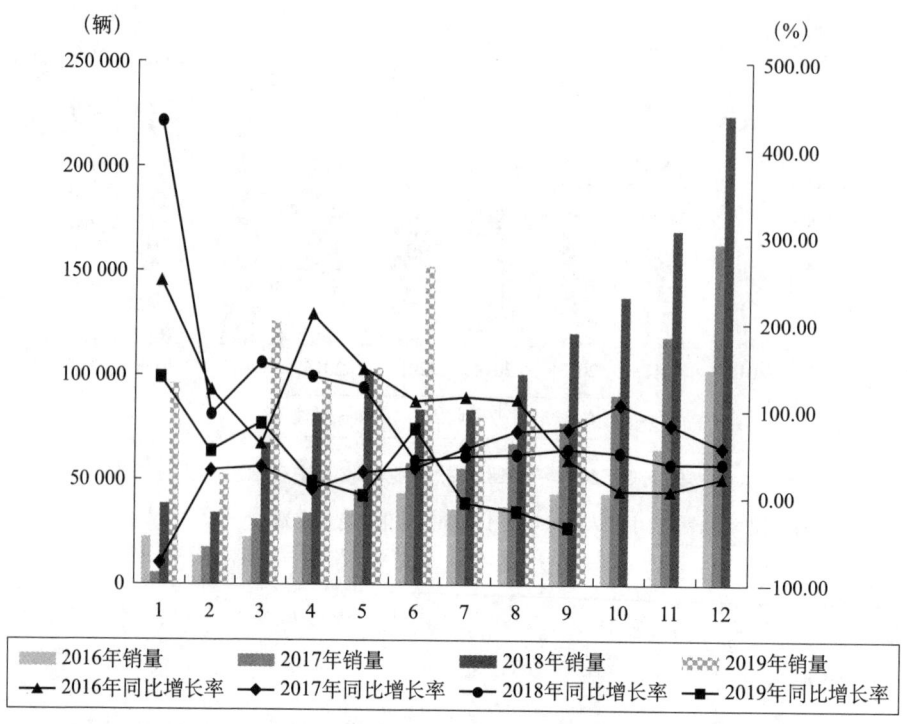

图 5.3 2016~2019 年月度新能源汽车销售量及同比变化情况

资料来源：图 5.3 转引自中华人民共和国工业和信息化部官方网站。

（三）高端装备制造业

高端装备制造业以高新技术为引领，技术含量高、资本投入高、附加值高、信息密集度高，且其带动力较强。高端装备制造业处于价值链高端和产业链核心环节，对于整个产业链的综合竞争力起着决定性作用。

从以上我国战略性新兴产业的发展现状可以看出，各新兴产业在过去几年呈现出快速发展的态势，且其增加值增速大多高于同期 GDP 增速。

二、中国战略性新兴产业在实体经济中的地位

随着中国经济发展水平的不断提高，中国经济总量已跃居世界第二。然而，中国经济发展面临着新的问题，主要表现在创新力不强。国家主席习近平多次强

第五章 超额外汇储备助推实体经济之路径一：支持国内战略性新兴产业

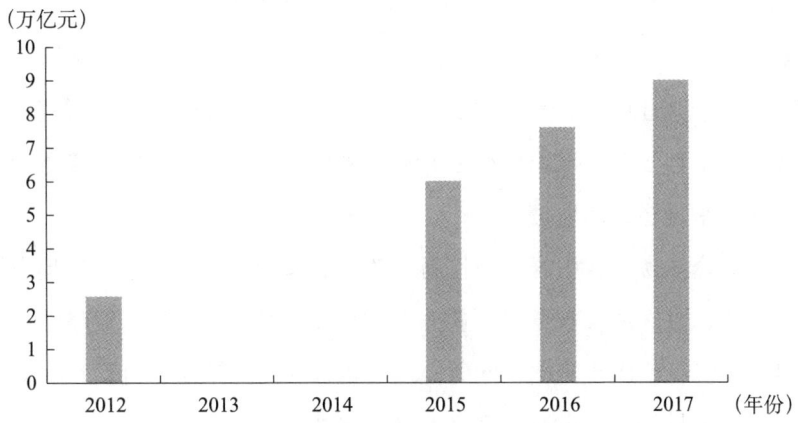

图 5.4 2012~2017 年中国高端装备制造业销售收入

资料来源：2012 年、2015 年数据转引自前瞻产业研究院《高端装备制造产业发展前瞻与投资战略规划分析报告》，2013 年、2014 年数据缺失，2016 年数据转引自中研网"中国高端装备制造行业总体规模分析及行业供给规模分析"。

调，要"把创新摆在第一位，是因为创新是引领发展的第一动力"①。值得注意的是，创新驱动的新兴产业逐渐成为推动全球经济复苏和增长的主要动力。

战略性新兴产业的特点之一即体现在包含大量的科技创新。在当前的国际、国内经济环境下，我国政府明确提出要把握全球新一轮科技革命和产业变革的重大机遇，要进一步发展壮大七大战略性新兴产业。具体地，要以科技创新为源头，加快打造战略性新兴产业发展策源地，提升产业集群持续发展能力和国际竞争力，从而为区域经济转型发展提供新动力。由于战略性新兴产业是创新转化为生产力的重要策源地，因而战略性新兴产业未来将成为中国实体经济可持续发展的重要推动力量。

事实上，在"十二五"期间，战略性新兴产业增加值占国内生产总值比重已经达到8%左右。国务院印发的《"十三五"国家战略性新兴产业发展规划》中明确指出，"十三五"时期的目标是，"战略性新兴产业增加值占国内生产总值比重达到15%，形成新一代信息技术、高端制造、生物、绿色低碳、数字创意等5个产值规模10万亿元级的新支柱，并在更广领域形成大批跨界融合的新

---

① 转引自习近平. 深入理解新发展理念 [J]. 求是，2019（10）.

增长点,平均每年带动新增就业 100 万人以上。",2008~2017 年,中国战略性新兴产业增长平均每年带动 GDP 增长超过 1 个百分点,增长贡献度接近 20%;2018 年全国规模以上工业战略性新兴产业增加值同比增长 8.9%,增速快于规模以上工业 2.7 个百分点①。由此可见,从国家整体发展的布局层面来看,战略性新兴产业具有举足轻重的地位。

另外,从全球视角看中国战略性新兴产业的国际地位有助于更好地发展我国的战略性产业,更好地参与全球产业分工。相关研究表明,我国战略性产业增加值位居世界第二,仅次于美国;同时,载人航天、高速铁路、电动汽车等自主创新成果也在国际科技领域占有一席之地(黄启才,2013)。

三、中国战略性新兴产业发展存在的问题

中国战略性新兴产业在近年来取得的成就是值得肯定的,为了进一步促进战略性新兴产业的发展,总结其发展中存在的问题具有重要的意义。

中国战略性新兴产业发展存在的主要问题体现在缺少核心技术。从全球价值链的视角,按照技术、生产规模和市场对我国战略性产业进行划分,可以发现我国目前的七大战略性新兴产业同时拥有技术、生产规模和市场的仅有新一代信息技术产业;生物产业虽然具备前沿的高水平技术,但不具备较大的生产规模,且主要依赖出口市场;新能源产业具备了生产制造规模,但缺少核心技术;节能环保和新材料产业的国内市场需求很高,但没有掌握核心技术,且不具备大规模生产制造的能力;高端装备制造产业、新能源产业虽然具备生产制造能力,市场规模也较大,但缺乏核心技术(黄启才,2013)。

在七大战略性新兴产业中,缺少核心技术的产业占到四个。缺少核心技术意味着需要从国外引进核心技术,不仅成本高,还无益于在全球价值链中的地位提升,只能处于全球价值链的加工制造环节。而且,若出现突发性地无法进口高端技术的外生冲击,将导致整个产业处于被动发展的状态。

---

① 韩鑫,杨昊,寇江泽,任江华,魏哲哲,姚雪青. 让创新成为驱动发展新引擎 [N]. 人民日报,2019-03-08 (11)。

第五章 超额外汇储备助推实体经济之路径一：支持国内战略性新兴产业

2008 年全球金融危机以后，欧美发达国家纷纷推出"再工业化"（Reindustrialization）战略。"再工业化"一词意味着工业活动所占份额在以前较高而后下降的地区（或国家）有所增加。它用来描述自 20 世纪 80 年代后期以来许多西方工业化国家所发生的过程，这与去工业化相反。大多数关于去工业化的研究认为，制造业中劳动生产率的增长要比服务业强，这是造成制造业去劳动化的主要原因（Rowthorn & Coutts，2004；Tregena，2009）。发达经济体与新兴经济体之间贸易和跨境投资的日益频繁，进一步促进了去工业化进程（Kucera & Milberg，2003）。此外，制造业和服务产品需求的收入弹性差异以及制造业以外的外包服务的统计分类也成为解释去工业化的理由。发达国家之间去工业化速度存在差异的原因与就业保护水平有关（Nickell et al.，2008）。因此，除了从政治角度承认制造业对经济发展的特殊意义外，基于观察到的对复杂工业产品需求变化和要素价格调整的两大论点主导了关于再工业化的辩论。

一种论点强调，由于新兴经济体的工资、能源和环境保护成本增加，新兴经济体（如中国）制造业的成本优势正在下降，而美国的能源成本却有所下降。中国工厂的工资和福利平均每年增长15%～20%，如果根据更高的生产率进行调整，中国的劳动力成本优势相对于工资水平较低的美国各州，将从 2011 年的 55% 下降到 2015 年的 39%。另外，由于劳动力成本只占产品制造成本的一小部分，因此，将许多产品外包给中国所节省的成本将下降到个位数。对于许多商品，如果充分考虑到运输、关税、供应链风险、工业房地产和其他成本，则在未来五年内，中国的制造成本优势将会消失。即使通过自动化和其他措施来提高中国的生产率，仍然不足以保持中国的成本优势。鉴于中国和亚洲其他发展中国家的收入水平不断提高，这些地区对商品的需求将迅速增长，跨国公司可能会在中国投入更多的精力为中国国内以及更大的亚洲市场提供服务，并将北美市场的部分生产工作带回到美国。同时，一些商品的制造将从中国转移到劳动力成本较低的国家，例如越南、印度尼西亚和墨西哥。但是，这些国家吸收高端制造业的能力将受到基础设施、熟练工人、规模和国内供应网络不足以及政治和知识产权风险的限制。在某些国家/地区，甚至存在生产率低下、腐败和人身安全风险等现象（Sirkin et al.，2011）。

全球制造业的重新分配还处于初期阶段。各个行业之间的差异很大，具体取决于劳动力成本、运输成本、中国的竞争优势以及各个公司的战略需求。但是瑟金等（Sirkin et al., 2011）认为，这种状况将在未来五年发生改变，尤其是当公司面临有关在哪里增加未来产能的决策时。尽管中国将继续是亚洲和欧洲的重要制造业平台，但美国将越来越具有吸引力。

另一个论点涉及新技术机遇（例如新材料、制造业计算机化和"物联网"）（Foresight, 2013; Karimi and Atkinson, 2013; Bitkom and Fraunhofer IAO, 2014; PCAST, 2014），这降低了规模经济和劳动密集型制造业的重要性，同时为定制和差异化创造了新的潜力。信息技术基础架构、高素质的劳动力、研究与创新流程之间的接口、企业战略以及进入先驱销售市场的方式将不再是廉价劳动力和大规模生产的途径，而将成为制造业热点的决定性先决条件（Michael, 2013）。

欧美国家推出再工业化的目的是通过培育具有先进技术的高端制造业重塑其国际竞争力，抢占价值链的高附加值环节；技术密集型产业是一个经济体创新能力、技术水平和制造能力的综合体现，中国的出口品表现出较强的劳动密集型特征，在一些尖端技术行业仍然较为落后（梅诗晔、刘林青，2018）。

第二节 外汇储备支持国内战略性产业的国际经验

关于外汇储备支持国内战略性产业国际经验的典型代表，新加坡通过新加坡政府投资公司（Government of Singapore Investment Corp., GIC）帮助新加坡金融管理局（Monetary Authority of Singapore, MAS）发展新加坡的战略性产业——基金管理行业（何帆、陈平，2006）。下面将先总结新加坡对其外汇储备积极管理的机制，进而对新加坡利用外汇储备支持其基金管理行业的现状展开论述，以期获得值得借鉴的有益经验。

一、新加坡对外汇储备的积极管理

新加坡近年来的官方储备规模大致在 2 700 亿美元，图 5.5 绘制了新加坡

2013年第四季度~2019年第二季度的官方储备存量,从图5.5中可以看出,新加坡的官方储备规模比较稳定。

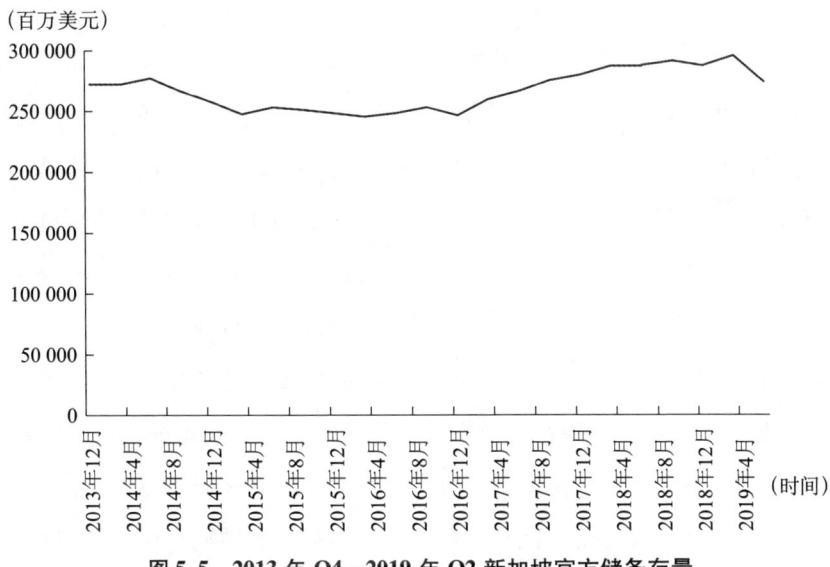

图 5.5　2013 年 Q4~2019 年 Q2 新加坡官方储备存量

资料来源：CEIC 数据库。

从新加坡国际收支平衡表中反映的官方储备流量数据来看,在自1986年至今的大部分年份,新加坡的官方储备处于增加的状态(见图5.6)。

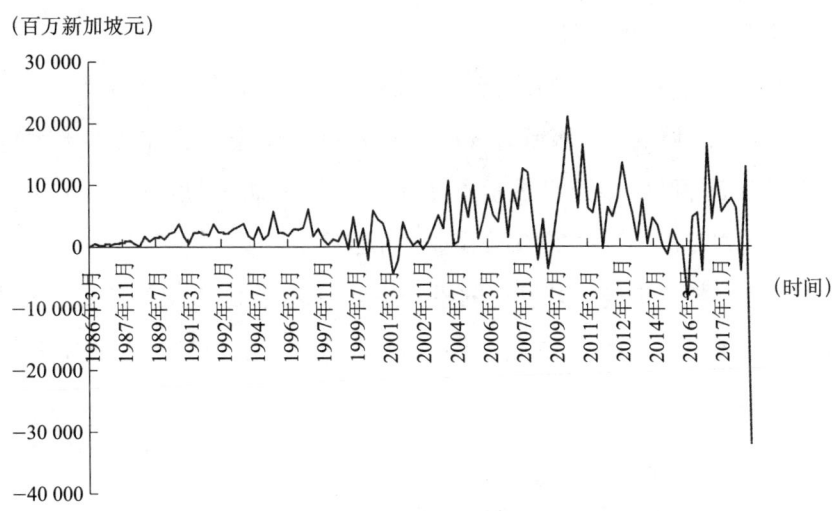

图 5.6　1986 年 Q1~2019 年 Q2 新加坡官方储备流量

资料来源：CEIC 数据库。

新加坡对外汇储备实施积极管理始于1981年建立新加坡政府投资公司（GIC）。对新加坡外汇储备实施管理的机构包括三个：新加坡政府投资公司（GIC）、新加坡金融管理局（MAS）和淡马锡公司（Temasek）。

三个机构中，新加坡金融管理局主要负责外汇储备的传统应用，即干预外汇市场、保障货币发行；新加坡政府投资公司负责管理绝大多数的政府金融资产，即外汇储备，投资的目标在于保持其国际购买力；淡马锡公司的主要职能是通过控股管理的方式管理本国战略性产业，同时提升新加坡企业的盈利能力和长期竞争力（何帆、陈平，2006），同时，以加入国家储备净投资回报（net investment returns contributions，NIRC）框架的方式为新加坡政府提供财政收入。

国家储备净投资回报框架是新加坡政府在2008年以储备金为基础推行的，从2009年起开始实施，与原有的净投资收益（net investment income）框架相比，净投资收益框架只允许政府使用三家政府投资机构的实际投资收益，国家储备净投资回报框架则允许政府使用这些机构所管理净资产的预期长期实际收益，包括已实现和未实现的资本收益[①]。2009年，新加坡金融管理局和新加坡政府投资公司被纳入了国家储备净投资回报框架，淡马锡从2016年起被纳入该框架。在国家储备净投资回报框架下，新加坡政府可使用至多50%的淡马锡预期长期投资回报（扣除通货膨胀因素）[②]。国家储备净投资回报对新加坡政府收入的贡献最大，约占2019年财政预算的19%[③]。

在过去20年，新加坡政府投资公司创造了高于全球通货膨胀率3.4%的年平均收益率，这也意味着新加坡政府投资公司管理的新加坡外汇储备的国际购买力在过去20年几乎翻倍。图5.7展示了自2001年起新加坡政府投资公司的经营业绩，从该图可以看出，过去20年公司业绩相当稳定。

对于淡马锡控股来说，其管理的投资组合净值自20世纪初开始不断增加，1998年东南亚金融危机以后，淡马锡控股更是加大了在亚洲地区的投资，尽管

[①] 陈婧，胡渊文. 政府开支增长若持续比收入快，国家预算平衡将面对挑战 [N]. 联合早报，2018-1-22. 转引自中国国际贸易促进委员会驻新加坡代表处官方网站。
[②] 这些回报为基于现有投资组合所预测的未实现回报。
[③] 相关数据来自淡马锡公司官方网站。另外，国家储备净投资回报是新加坡政府收入的最大来源，新加坡政府另外三项主要收入来源分别是企业所得税、个人所得税和消费税。

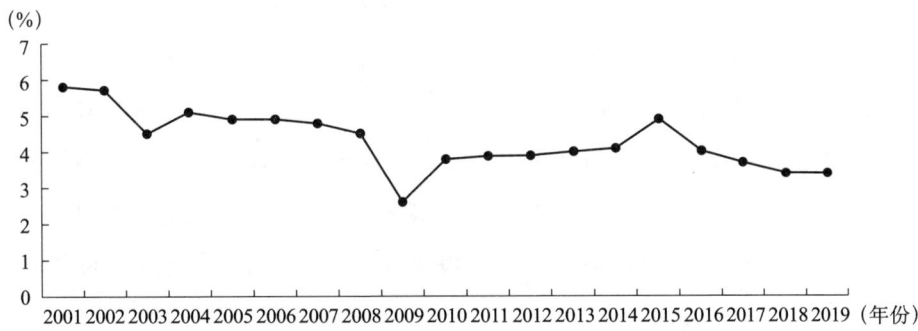

图 5.7　2001~2019 年新加坡政府投资公司经营业绩

资料来源：图 5.7 来自新加坡政府投资公司官方网站

在 2008 年国际金融危机期间，其投资组合净值有所下降，但很快又进入到另外一个快速增长的阶段（见图 5.8）。

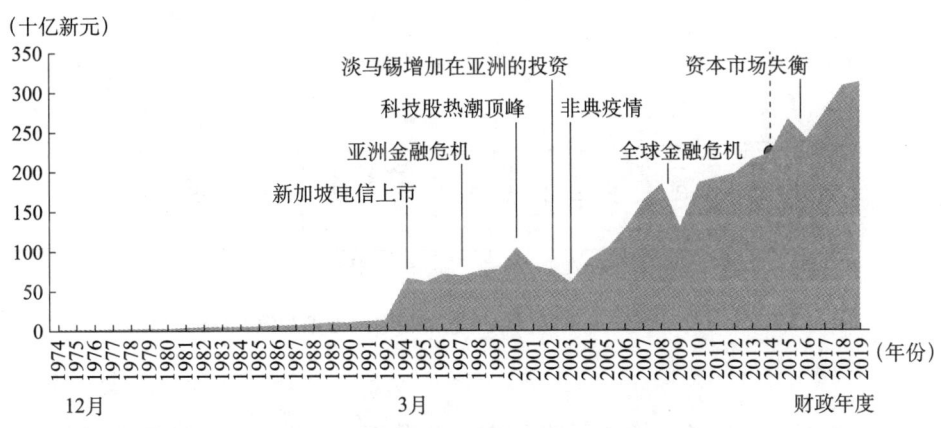

图 5.8　淡马锡自成立以来的投资组合净值

资料来源：图 5.8 来自淡马锡公司官方网站。

从新加坡政府投资公司和淡马锡控股的经营业绩来看，新加坡自 1981 年开始实施的积极的外汇储备管理措施是卓见成效的。

二、新加坡利用外汇储备培育基金管理行业

新加坡在实现其外汇储备保值增值的过程中，其外汇储备管理的另外一个重要目标在于培育国内战略性产业，即发展新加坡的基金管理行业。那么，基金管

理行业作为新加坡的战略性行业，对新加坡经济增长的贡献如何体现呢？

具体分析新加坡各产业的增长现状有助于理解基金管理行业对于新加坡经济的重要性。图5.9描绘了新加坡自1970年以来农业、工业和服务业增加值占当季GDP的比值，从图5.9可以看出，新加坡的经济增长动力主要来源于服务业，农业增加值的占比非常低，工业增加值占比略高，但仍然不足服务业增加值占比的1/4。因此，对于新加坡而言，重点发展服务业是保障其经济增长的必要途径。

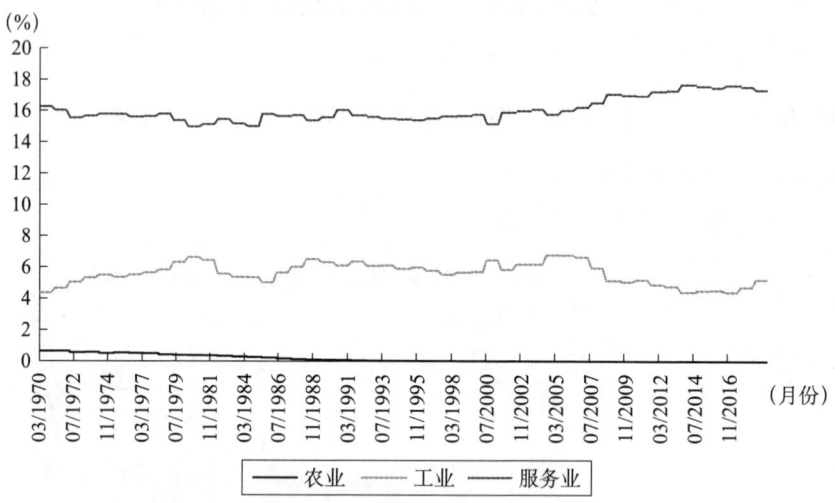

图5.9　1970年Q1～2018年Q4新加坡各产业增加值GDP占比

资料来源：CEIC数据库。

在关注新加坡服务业增加值的GDP占比基础上，进一步看新加坡的金融和保险产业增加值数据（见图5.10）可以发现，金融和保险产业的增加值是新加坡服务业增加值的最主要增长源泉。从这一事实可以推断得出，以金融和保险为核心的产业是对新加坡经济增长贡献最大的产业之一；另外，考虑到发达经济体经济增长的特征之一即表现为以服务业为代表的第三产业占主导，因此，新加坡将基金管理行业作为其国内的战略性产业的定位是合理的。

淡马锡控股公司作为新加坡的一家主权财富基金，在2019财年年末其投资组合净值达到3 130亿新元，自1974年成立以来的年化回报率为15%[①]。新加坡

[①] 数据来自淡马锡2019年年度报告。

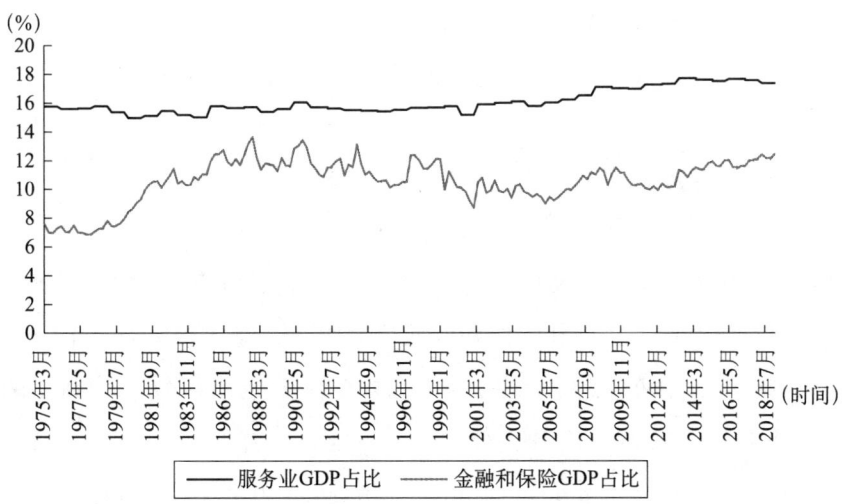

图 5.10　1975 年 Q1～2018 年 Q4 新加坡金融和保险产业增加值 GDP 占比

注：金融和保险 GDP 占比数据根据相关数据计算得出。

资料来源：CEIC 数据库。

股东——财政部长①不定期向淡马锡注入新资本，这是新加坡政府对其总储备金进行资产配置的一部分；另外，根据淡马锡的财务原则可知，淡马锡向股东派发股息，作为股东的新加坡政府可使用这些股息的 50%（即国家储备净投资收益）用于支出。

作为世界最大的主权财富基金，新加坡政府投资公司卓越的投资业绩在为外汇储备保值增值的同时，也进一步壮大了新加坡政府投资公司自身的基金管理规模。同时，新加坡政府投资公司作为基金管理行业的重要企业，其成长和发展的示范作用以及对新加坡经济增长的拉动作用是十分明显的。因此，新加坡政府通过新加坡政府投资公司对其外汇储备的积极管理实现了双重目标：外汇储备的保值增值目标、外汇储备培育其国内战略性产业——基金管理产业的目标。

第三节　外汇储备支持国内新兴产业实施机制设计

结合中国新兴产业的发展现状及其生产者驱动型产业的发展特征，针对其科

---

① 依据《新加坡财政部长（成立）法》（第 183 章），财政部长为法人团体。

研费用高、投入规模大的特点，如果能够合理利用外汇储备解决其高投入的问题，将可以助力我国战略性新兴产业的快速、良性发展。

一、外汇储备培育国内新兴产业的实施主体

目前，由中央外汇业务中心"负责国家外汇储备和黄金储备的经营管理；服务国家实体经济发展，拓展外汇储备多元化运用"[①]。基于国家对外汇储备管理的机构设置状况，中央外汇业务中心下属的外汇储备委托贷款办公室将是未来利用外汇储备培育国内产业的实施主体之一。

中国投资有限责任公司（China Investment Corporation，CIC）（以下简称"中投公司"）成立于2007年，是经国务院批准设立的从事外汇资金投资管理业务的国有独资公司。中国投资有限责任公司是一个半独立实体，直接向国务院报告。

中投公司强调其根据商业原则运作并寻求回报。从一开始，中投公司的决策者就表明，他们希望进行避免在政治上引起争议的投资选择。因此，他们表示，相对于对外国公司的直接投资，他们更倾向于投资公开交易的证券。此外，他们强调，中投公司无意购买大公司的大量股份，收购大量公司或将资金投入基础设施、航空、电信、能源或技术等敏感的工业领域（Blanchard，2011）。

根据中投公司官方网站公布的信息可知，截至2018年12月31日，其境外投资组合公开市场股票行业分布中，有18.2%投资于金融行业，其次为信息科技行业，占比15.2%，排名第三位的是医疗卫生行业（见图5.11）。我们注意到，能源行业的投资份额仅占境外股票投资组合的5.2%。

《"十三五"国家战略性新兴产业发展规划》中明确提出，"坚持供给创新"，要"全面提升技术、人才、资金的供给水平"，利用外汇储备加大科技投入属于"供给创新"的具体应用，通过对科技的投入，可以提升战略性产业的竞争优势，进而创造出更多财富，提升产业的综合竞争力。2012年，中共中央国务院印发的《关于深化科技体制改革加快国家创新体系建设的意见》中明确提出"扩大科技型中小企业创新基金规模，通过贷款贴息、研发资助等方式支持中小

[①] 转引自《国家外汇管理局年报2018》。

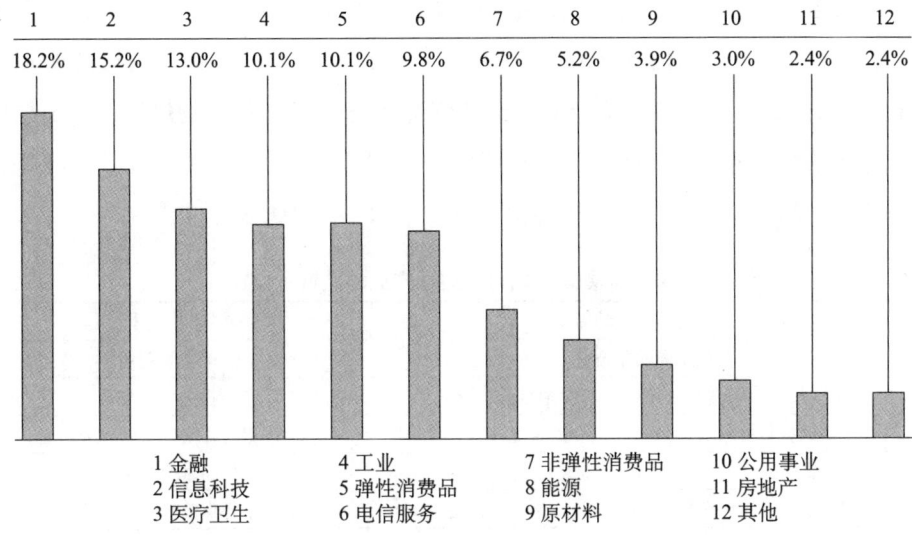

图 5.11　截至 2018 年底 CIC 境外投资组合公开市场股票行业分布

资料来源：CIC 官方网站。

企业技术创新活动",[①] 目的在于引导鼓励企业成为技术创新的主体。除了"贷款贴息、研发资助"等财政扶持方式以外，直接以委托贷款、持股的方式为科技型企业或战略性产业中的龙头企业融资，拓宽外汇储备的使用途径，将是助力技术密集型产业发展的重要途径。基于以上论述，表 5.1 汇总整理了外汇储备培育战略性产业的实施主体，下面将探讨外汇储备培育战略性产业的监管主体。

表 5.1　　　　外汇储备培育战略性产业的实施主体

负责部门	操作方式
外汇储备委托贷款办公室	委托贷款
中国投资有限责任公司	持股
国家外汇管理局	注资丝路基金

二、外汇储备培育国内战略性产业的监管主体

外汇储备作为一国货币当局持有的外汇资产，由于其特殊性质，要保障外汇

---

① 转引自邓菁，肖兴志. 高新技术产业高质量发展的财政扶持策略研究 [J]. 经济与管理研究，2019（11）.

储备的安全性、流动性，并实现外汇储备的保值增值目标。对外汇储备的监管部门而言，根据我国当前国家外汇管理局的机构设置可知，储备管理司的职责为"研究提出国家外汇储备和黄金储备经营管理战略、原则及政策建议，组织总体经营方案的拟订和实施；监督检查委托储备资产的经营状况"[1]，对于以委托贷款形式使用的外汇储备，储备管理司是监管主体，详见表5.2。

表5.2　　　　　　　外汇储备培育国内战略性产业的监管主体

实施主体	监管主体
委托贷款办公室	储备管理司
中国投资有限责任公司（向非金融企业注资）	中投公司监事会
中国投资有限责任公司（向金融企业注资）	中国银行保险监督管理委员会
丝路基金	丝路基金监事会
梧桐树投资平台有限公司（向国开行、进出口银行注资）	中国银行保险监督管理委员会

对于中国投资有限责任公司（以下简称"中投公司"）而言，自其成立以来，以注资形式先后参与了19家金融机构的融资计划，推动11家金融机构上市；截至2018年底，中投公司资产总规模超过9 400亿美元[2]。中央汇金投资有限责任公司（以下简称"中央汇金"）作为中投公司的三个子公司之一，根据国务院授权，对国有重点金融企业进行股权投资。因此，经由国内重点金融企业支持的国内战略性产业，其监管主体实际上落实到金融企业的监管方，即中国银行保险监督管理委员会，负责"对银行业和保险业机构的公司治理、风险管理、内部控制、资本充足状况、偿付能力、经营行为和信息披露等实施监管"[3]。

对于经由中国投资有限责任公司直接投资的项目，即中投公司注资非金融企业的项目，其监管主体应为公司监事会。中投公司监事会根据《中华人民共和国公司法》和中投公司章程等相关规定，负责监督董事和高级管理人员的经营行为和职业操守，促进公司业务依法合规、稳健经营；同时，监事会负责公司内部审计、监督公司会计和财务状况[4]。事实上，作为中国的主权财富基金，对于中国投资有限责任公司负责运营的外汇储备如何更加有效地实施监管，可以借鉴参考

---

[1] 转引自《国家外汇管理局年报2018》。
[2] "中投公司"的相关数据引自中投公司2018年年报。
[3] 引自中国银行保险监督管理委员会官方网站"主要职责"。
[4] 转引自中投公司官方网站关于监事会职能的相关描述。

国际上主权财富基金的有益经验。例如，淡马锡董事会和执行总裁最终负责监督和管理战略风险、金融风险和操作风险。

对于丝路基金而言，其资金规模的65%来自外汇储备，对于丝路基金经营管理的外汇储备部分，其监管部门相应地落实到丝路基金的监事会。根据丝路基金官方网站提供的数据可知，截至2017年3月，丝路基金已经签约15个项目，承诺投资金融累计约60亿美元，投资领域覆盖基础设施、资源开发、产业合作、金融合作等。对于丝路基金能够助力的国内新能源产业而言，其资金的监督管理落实到丝路基金监事会。

第六章

超额外汇储备助推实体经济之路径二：服务中国对外开放战略大局

在满足外汇储备基本用汇需求的基础上，超额外汇储备助推实体经济的第二个路径可以体现在服务中国的对外开放战略大局。本章将回顾中国对外开放战略的演进，在此基础上探讨外汇储备服务中国对外开放战略大局的途径。

第一节 中国的对外开放战略

一、中国对外开放战略的历史演进

从中国对外开放的发展历程来看，中国的对外开放发展历程经历了以下几个阶段。

（一）1978~1991年对外开放探索期

1978年党的十一届三中全会提出了实行改革开放的重大战略部署。邓小平同志指出，"现在的世界是开放的世界""坚持改革开放是决定中国命运的一招"，并进一步强调，对外开放是一项必须长期坚持的基本国策。

在这样的背景下，我国先后试办了经济特区，并划定了沿海开放城市和沿海经济开放区。面对当时中国经济在生产力水平、先进技术等方面的困难，对外开放着力解决外资、技术引进等重要问题。

（二）1992~2002 年对外开放格局形成期

以 1992 年邓小平同志南方谈话为标志，中国提出建立社会主义市场经济，自此中国对外开放格局进入了一个新的发展阶段（权衡，2018）。在此期间，中国提出了推动中西部地区的对外开放，重视外资利用效率的提高，同时，提出了"引进来"与"走出去"相结合的对外开放战略，积极推动中国加入世界贸易组织（全毅，2018），尽快融入全球贸易体系。

（三）2003~2012 年对外开放深化期

中国加入世界贸易组织以后，在对外开放方面提出了统筹国内发展和对外开放，实施"互利共赢"的开放战略，在 2003 年召开的中央经济工作会议上明确提出了"四个坚持"。另外，在此阶段，我国提出要转变对外经济发展方式、提高开放型经济的质量和效益。传统的对外经济发展方式对应的是"出口导向"战略，这一战略有效地拉动了我国的经济增长，但以数量扩张为特征的"粗放型"对外经济发展方式无法适应经济发展的新要求，应加快从"粗放式、外源性"向"包容性、平衡型、精益化"方式转变（张志敏、何爱平，2015）。另外，党的十七大提出了实施自由贸易区战略，旨在进一步拓展对外开放的广度和深度。

（四）2013 年以来对外开放新格局

2013 年探索建设自贸区是中国对外开放迈向制度创新的重要标志，2013 年 8 月，国务院正式批准设立中国（上海）自由贸易试验区（权衡，2018）。同年 9 月，习近平主席在访问哈萨克斯坦时首次提出了与中亚各国共建"丝绸之路经济带"的倡议，10 月在访问印度尼西亚时又提出了愿意与东盟国家共建"21 世纪海上丝绸之路"，"一带一路"倡议成为新时期中国对外开放的重大战略举措。

2015 年习近平总书记在十八届五中全会谈及发展理念问题时明确指出，"现在的问题不是要不要对外开放，而是如何提高对外开放的质量和发展的内外联动性"[①]。在《中共中央关于制定国民经济和社会发展的第十三个五年规划的建议》

---

① 习近平. 习近平谈治国理政（第二卷）[M]. 北京：外文出版社，2017：199.

中，习近平同志创新地提出了五大发展理念：创新、协调、绿色、开放、共享。

二、中国对外开放格局的最新进展——"一带一路"倡议

"一带一路"倡议的提出旨在促进"一带一路"沿线国家经济繁荣与区域经济合作。"一带一路"倡议是人类命运共同体的重要实践平台；"人类命运共同体是作为崛起的大国的中国对未来国际社会状态的描绘，是中国的国际社会理念"（王玉主，2019）。然而，当今的国际社会状态却呈现出去全球化、碎片化的现象，全球金融治理体系面临诸多现实困境。

（一）全球金融治理的现实困境与中国机遇①

世界经济正处于大发展、大变革时期，全球治理体系正发生深刻变革。作为全球治理体系重要组成部分的全球金融治理体系也亟须变革。为推进全球金融治理体系的改革与优化，有必要厘清其面临的现实困境。

1. 全球金融治理体系呈现碎片化倾向。

全球金融治理体系的碎片化主要体现在两个方面：第一，现行国际货币体系中的主要国际货币相继面临严峻挑战。美国次贷危机的爆发使美元的国际货币地位受到质疑；欧债危机使欧元在全球金融体系中的地位逐渐下滑；英国脱欧事件导致英镑大幅度贬值；日本泡沫经济的崩溃抑制了日元国际化进程。在多元化国际货币体系替代了美元独霸的布雷顿森林体系后，主要国际货币相继出现危机，如何摆脱这种困境是全球金融治理需要着重考虑的现实问题。第二，国际投资与国际金融风险监管方面始终缺乏有序的统一规则。以国际投资体系为例，根据联合国贸易和发展会议2015年发布的世界投资报告可知，截至2014年底，国际投资协定总数达3 271个，包括2 926个双边投资协定和345个国际投资条约②。诸

---

① 关于"全球金融治理的现实困境与中国机遇"的部分观点作为2018年度研究阐释党的十九大精神国家社科基金专项课题"全球金融治理体系改革及中国参与方案——基于人类命运共同体理论研究"（18VSJ045）的阶段性成果发表于《社会科学战线》2018年第5期。

② World Investment Report 2015: Reforming International Investment Governance [R]. United Nations Publication, Geneva, 2015, p.106.

多差异极大的多元化投资协定和投资条款,阻碍和影响了资本自由流动和投融资活动的公平性及透明度。与此相似的是,国际金融监管体系在银行业的监管方面相对成熟,然而在国际保险业、金融服务业、汇率波动等方面尚未形成全球统一有效的监管规则。

2. 全球金融治理的制度性话语权存在显著失衡。

近年来,发展中国家和新兴经济体对世界经济的贡献逐渐增加,但现有的金融治理格局未能适应这种变化做出相应的调整。根据《世界经济展望》2017年4月的报告可知,新兴市场和发展中国家在金融危机后对全球经济增长的贡献超过75%[1]。其中,中国持续中高速的经济增长令全球瞩目。在全球经济持续低迷的大背景下,2016年中国经济增长率为6.7%,是全球经济增长率最高的国家[2]。但以IMF投票权份额改革为例,2010年提出的向新兴经济体和发展中国家转移投票权的方案中,中国的投票权份额增加至6.071%,[3] 美国的投票权份额仅微幅下降,同时保留其否决权。尽管新兴经济体的话语权有所提升,但在主要的国际规则制定方面,仍然处于被动遵守的状态,全球金融治理的制度性话语权显著失衡。

3. 全球政策性金融产品及政府间获利合作的制度性金融产品供给乏力。

现行的全球政策性金融机构主要包括国际货币基金组织(IMF)和世界银行(WB)等国际金融机构,但IMF和WB提供政策性金融产品的供给功能正在下降。随着区域性和全球性金融危机的频繁发生以及各国经济发展差距的不断扩大,各国经济对全球性、区域性、制度性金融公共产品的需求逐渐上升,使政策性金融公共产品的供求矛盾日益突出。同时,以区域合作机制为代表的区域公共产品也存在供给效率低下、供给与需求之间严重失衡的问题(陈小鼎,2016)。直到亚洲基础设施投资银行成立之前,在国际金融体系中,只有政府间合作的政策性金融机制,没有获利性的政府间金融合作机制。

---

[1] World Economic Outlook: Gaining Momentum? [OL]. http://www.imf.org/en/Publications/WEO/Issues/2017/04/04/world-economic-outlook-april-2017, 2017, p. 67.

[2] World Economic Outlook: A Shifting Global Economic Landscape [OL]. http://www.imf.org/en/Publications/WEO/Issues/2016/12/27/A-Shifting-Global-Economic-Landscape, 2017, p. 7.

[3] Andrew Tweedie, Sean Hagan and Reza Moghadam. IMF Quota and Governance Reform—Elements of an Agreement [Z]. IMF Policy Papers, 2010, p. 17.

4. 全球化分裂的裂痕不断扩大。

从世界经济运行的角度来看,全球经济规则不再统一,中美贸易争端以及 WTO 争端解决机制的停摆蕴含着全球化分裂的趋势愈演愈烈。

事实上,中美贸易摩擦一直不断,长期存在于两国贸易关系中的一些问题,例如汇率问题、贸易不平等问题。国内学者的相关研究认为,中美贸易战是美国对华威慑的新手段①,威慑主要包括威慑主体、威慑目的、威慑工具、实施威慑的策略选择和威慑对象;而贸易是当今经济全球化时代重要的威慑工具(夏立平、祝宇雷,2020)。

5. 全球金融治理体系变革中的中国机遇。

全球金融治理目前呈现的碎片化倾向、制度性话语权失衡以及全球金融公共产品供给乏力等现实困境为以中国为代表的新兴经济体参与全球金融治理提供了机遇和空间。当前,全球金融治理体系正在发生深刻变革,如 G20 峰会机制、G20 金融稳定委员会机制、巴塞尔协议Ⅲ、IMF 份额改革等。而中共十九大报告中提出的构建"人类命运共同体"的理念②,则为中国参与国际金融体系改革及提升中国在金融领域的全球治理的话语权提供了理论基础。随着全球金融一体化程度的提高,国际金融市场动荡给全球经济及各国经济带来的负面冲击极为强烈,后果也极为严重。为了进一步增强中国在全球金融治理中的制度性话语权,同时充分反映新兴经济体和广大发展中国家的诉求,中国应抓住机遇,参与全球金融治理。而中国经济的稳定增长、人民币加入特别提款权、亚洲基础设施投资银行的成功创建,则构成了增强中国在全球金融治理中制度性话语权的基础条件。

在这样的国际背景下,中国提出"人类命运共同体"理念,提出"一带一路"倡议则彰显了大国风范。

(二)"一带一路"倡议传递中国的全球治理观——人类命运共同体

2018 年 3 月,在第十三届全国人民代表大会上通过的宪法修正案中,"坚持

---

① 美国不仅对中国采用贸易威慑,也对墨西哥采取类似的贸易威慑手段,参见 "Mexico Agreed to Take Border Actions Months Before Trump Announced Tariff Deal" The New York Times, June 8, 2019, available at: https://www.nytimes.com/2019/06/08/us/politics/trump-mexico-deal-tariffs.html.

② 习近平. 决胜全面建成小康社会 夺取新时代中国特色社会主义伟大胜利——在中国共产党第十九次全国代表大会上的报告[M]. 北京:人民出版社,2017.

和平发展道路""坚持互利共赢开放战略""推动构建人类命运共同体"被写入宪法。这体现了中国将本国利益与人类共同利益紧密结合的发展理念,彰显了中国作为世界和平建设者、全球发展贡献者、国际秩序维护者的进步形象,也展现了中国愿为世界和平与发展做出更大贡献的崇高目标①。"共商共建共享"的"人类命运共同体"理念明确传递了互相依存的公共利益观、可持续发展观,也是中国的全球治理观。

1. 人类命运共同体的内涵。

人类命运共同体(community of common destiny)实际上是指由共同利益和命运联系在一起的一群人、民族或国家。国际关系学者广泛使用"共同体"一词,例如政治共同体(political community)、国际共同体(international community)和道德共同体(moral community)(Agnew,1994;Wendt,1998;Boucher,1998)。赫德利·布尔(Hedley Bull,2002)在讨论国际秩序时将"国家体系"(a system of states)和"国家社会"(a society of states)区分开。在"国家体系"中,国家在按照自己的利益和价值观行事的同时,国家之间相互影响,但是,在"国家社会"中,各国家认为自己受到共同利益、规则和价值观的束缚。"国家社会"的定义实际上接近于人类命运共同体。

2015年9月,习近平主席在第70届联合国大会上的讲话中阐述了人类命运共同体的内涵,这是对此理念最详细的解释。人类命运共同体共涵盖五个方面,包括政治、安全、经济发展、文化交流和环境。习近平主席在报告中讲到,"我们要建立平等相待、互商互谅的伙伴关系",这主要体现在各国一律平等,尤其是主权原则,也体现在各国推动经济社会发展方面。"我们要坚持多边主义,不搞单边主义;要奉行双赢、多赢、共赢的新理念"。在安全方面,习近平主席讲到,"我们要营造公道正义、共建共享的安全格局""和平、发展、公平、正义、民主、自由,是全人类的共同价值",当今世界,各国相互依存、休戚与共。在文化交流方面,"我们要促进和而不同、兼收并蓄的文明交流",文明之间要对话,不要排斥;要交流,不要取代。在环境方面,"我们要构筑尊崇自然、绿色发展的生态体系。人类可以利用自然、改造自然,但归根结底是自然的一部分,

---

① 王毅. 坚定不移走和平发展道路 推动构建人类命运共同体[N]. 人民日报,2018-3-14.

必须呵护自然，不能凌驾于自然之上。我们要解决好工业文明带来的矛盾，以人与自然和谐相处为目标，实现世界的可持续发展和人的全面发展。"①

2. 人类命运共同体的实践——"一带一路"倡议。

"丝绸之路经济带"和"21世纪海上丝绸之路"是习近平主席于2013年秋季分别访问哈萨克斯坦和印度尼西亚时首次提出的倡议。这条现代化的丝绸之路将把来自65个国家的44亿人口连接在一起②，横跨中亚到中东、俄罗斯和欧洲。海上道路旨在将中国南海与印度洋、东非、红海和地中海连接起来。

理解"一带一路"倡议需要关注世界经济发展的变化。后危机时代全球经济复苏乏力，发达经济体仍处于缓慢复兴和调整之中。由于市场需求疲软和贸易保护主义抬头，发达经济体无法继续从新兴经济体大规模进口商品，也不愿意承受来自新兴经济体的巨额贸易逆差。同时，发达经济体和新兴经济体本应在各国相互协调的条件下升级现有的贸易体系，使该体系成为世界经济发展的催化剂；然而，事实却是发达国家主宰着全球贸易和投资体系规则的制定。这必然导致自由开放的全球贸易体系面临解体的风险，从而损害新兴国家和其他发展中国家在现有全球贸易体系下享有的竞争优势，并减少了全球市场和投资的来源（Du，2016）。

值得注意的是，中国与世界其他国家的关系发生了根本变化：中国已成为世界第二大经济体、最大的出口国、第二大商品进口国③、第三大对外直接投资来源国，并且拥有全球最大规模的外汇储备。中国的经济实力、巨大的市场潜力和金融能力为中国与新兴经济体进一步密切经济关系提供了支持：中国可以吸收来自新兴经济体的大量商品，并向它们提供所需的资本。作为全球经济的引擎之一，中国为世界经济的复苏做出了巨大贡献。根据国际货币基金组织的数据可知，2014年中国对世界经济增长的贡献为27.8%，在全球经济增长中的贡献居世界首位④。一些中国学者认为，中国可能会提出"中国提案"或"中国解决方

---

① 携手构建合作共赢新伙伴，同心打造人类命运共同体［OL］. 人民网，2015-9-28，http：//theory. people. com. cn/n1/2018/0104/c416126-29746010. html.

② 中国的西安是原始丝绸之路的起点。

③ 见 WTO Trade Database, available at http：//stat. wto. org/CountryProfile/WSDBCountry PFView. aspx? Language = E&Country = CN.

④ IMF, World Economic Outlook 2014.

案",使其成为"全球解决方案"的一部分①。

不可否认的是,新兴经济体已经成为全球舞台上的一支新兴力量。就总的经济产出而言,它们可与既有大国相提并论,世界经济格局的多极化现象愈加明显。然而,关于全球经济治理的讨论很少听到新兴经济体的声音。现有的世界经济结构和治理体系是在美国的领导下建立的,因此由美国和欧洲经济体主导。尽管国际货币基金组织承诺进行改革,以便将某些表决权转移给新兴经济体。但是,仍然无法改变美国一家独大的局面。

在现有体系中,新兴经济体很难表达自己的意愿,而且它们在全球治理中的整体作用与其力量不成比例。在根本性改革看不到前景的情形下,渐进式改革成为新的选择。金砖国家开发银行就是渐进式改革的结果。然而,金砖国家开发银行未能获得地缘经济的支持。"一带一路"倡议则是要将现有的多边和双边机制纳入一个更广泛的框架。

"一带一路"倡议主要包含五个方面的内容:(1)政策协调;(2)设施连通;(3)无阻碍的贸易;(4)金融一体化;(5)人文交流。政策协调的目标是希望"丝绸之路"沿线国家之间进行频繁的外交交流,以促进这些国家政府之间的思想交流。设施的连通性尤其要求优先考虑丝绸之路沿线的关键项目,如中国、亚洲基础设施投资银行(ASIIB)和其他国家以及私人投资者的大量资源投入。畅通无阻的贸易和金融一体化必然需要"丝绸之路"沿线所有国家参与建设性工作,例如,自由贸易协定或国际金融基础设施。人文交流则需要"丝绸之路"沿线所有国家人民之间的交流和互动,尽管存在文化差异。在连通性方面,丝绸之路经济带将在陆地上集中精力共同建设一座新的欧亚大陆桥,并通过利用国际运输路线,依靠核心城市来发展中国—蒙古—俄罗斯,中国中亚—西亚和中国—印度支那半岛的经济走廊。沿"一带一路"沿线,以重点经济产业园区为合作平台。在海上,该倡议将着重于共同建设连接"一带一路"沿线主要海港的平稳、安全和高效的运输路线。

为了确保"丝绸之路经济带"和"21世纪海上丝绸之路"倡议顺利展开和

---

① Gao Hucheng (Minister of Commerce). A Chinese Solution to the Promotion of Global Cooperation on Development [OL]. People's Daily, 2015.

正确执行，该倡议注重协调一致的工作，并朝着互惠互利和共同安全的目标迈进。具体而言，需要改善该地区的基础设施，并建立一个安全有效的陆、海、空通道网络，将其连通性提升到更高的水平；进一步加强贸易和投资便利化，建立高标准的自由贸易区网络，保持更紧密的经济联系，加深政治信任；加强文化交流；鼓励不同文明相互学习，共同繁荣；并促进各国人民之间的相互了解。

根据"中国一带一路网"发布的数据可知，2020年1~2月，海上丝路贸易指数显示，东盟成为我国第一大贸易伙伴。具体地，2020年1~2月，我国进出口贸易总额达5 919.93亿美元，我国与亚洲进出口贸易额达3 075.92亿美元，排名前三位的国家（地区）分别是日本、韩国、中国台湾；我国与东盟进出口贸易额达853.21亿美元，同比上涨0.60%，在我国进出口总额中的占比为14.41%；我国与非洲进出口贸易额达266.04亿美元，在我国进出口总额中的占比为4.49%；我国与北美洲进出口贸易额达675.52亿美元，同比下跌22.54%，在我国进出口总额中的占比为11.41%，中美进出口贸易额达605.72亿美元，同比下跌20.71%，在我国进出口总额中的占比为10.23%；我国与拉丁美洲进出口贸易额达454.57亿美元，在我国进出口总额中的占比为7.68%；我国与大洋洲进出口贸易额达287.76亿美元，在我国进出口总额中的占比为4.86%。值得注意的是，我国与"一带一路"沿线国家进出口贸易额达1 877.09亿美元，同比上涨0.49%，在我国进出口总额中的占比为31.71%[①]。跨境贸易数据进一步证实了中国与"一带一路"沿线国家日益紧密的经济往来。

第二节 外汇储备服务中国对外开放战略的实施途径

中国的对外开放战略展现了崛起中的大国对未来国际社会发展向着和平、公正、可持续发展目标迈进所做出的积极努力。在此过程中，外汇储备能够从多个角度服务中国的对外开放战略。具体体现在以下几个方面。

---

① 中国进出口贸易的相关数据引自中国一带一路网官方网站，https://www.yidaiyilu.gov.cn/xwzx/gnxw/121098.htm。

第六章 超额外汇储备助推实体经济之路径二：服务中国对外开放战略大局

一、注资丝路基金

(一) 丝路基金成立的背景及其资金来源

丝路基金正式成立于 2014 年 12 月，而在此之前，习近平主席在 2014 年 11 月的加强互联互通货币关系对话会上已经宣布，中国将出资 400 亿美元成立丝路基金。① 2017 年 5 月，习近平主席在"一带一路"国际合作高峰论坛开幕式上宣布中国将加大对"一带一路"建设的资金支持，向丝路基金新增 1 000 亿元人民币的资金支持。② 丝路基金成立的背景是 2013 年由中国发起的"一带一路"倡议，该倡议不局限于地理的概念，而是中国向世界提供的国际合作平台，是中国向世界提供的新的公共产品，是一项开放包容的经济合作倡议。在这样的背景下，中国主导成立了丝路基金，作为对"一带一路"倡议资金支持的另外一种方式。

丝路基金资金规模的 400 亿美元和 1 000 亿元人民币中，外汇储备（通过梧桐树投资平台有限责任公司）出资比例为 65%，中国投资有限责任公司（通过赛里斯投资有限责任公司）的出资占比为 15%，国家开发银行（通过国开金融有限责任公司）出资占比 5%，中国进出口银行的出资比例为 15%③。

外汇储备注资丝路基金是外汇储备创新运用、支持"一带一路"倡议的又一举措。另外，从丝路基金有人民币注资（计划金额为 1 000 亿元人民币）的情况来看，丝路基金的业务往来有对人民币的切实需求，这也表明人民币的使用范围已经扩大到中国以外的市场，以丝路基金为对接平台，以"一带一路"倡议为背景，可以进一步推进人民币国际化。当然，丝路基金具有企业性质，投资必然面临风险，因此，外汇储备以及人民币注资丝路基金也必然面临投资风险，如何对投资面临的各种风险做合理对冲，是丝路基金投资过程中必须重视和解决的

---

① 习近平在"加强互联互通伙伴关系"东道主伙伴对话会上的讲话 [OL]. 新华网，http://www.xinhuanet.com/world/2014-11/08/c_127192119.htm.
② 习近平在"一带一路"国际合作高峰论坛开幕式上的演讲 [OL]. 新华网，http://www.xinhuanet.com/politics/2017-05/14/c_1120969677.htm.
③ 数据来自丝路基金官方网站。

问题,也是保障主权财富——外汇储备保值增值的重要手段。

(二) 丝路基金的功能与定位

丝路基金是依照《中华人民共和国公司法》设立的中长期开发投资基金,通过以股权为主的多种投融资方式,重点围绕"一带一路"倡议推进与有关国家和地区的基础设施、资源开发、产业合作和金融合作等项目。丝路基金是"一带一路"倡议的重要组成部分。

丝路基金与亚洲基础设施投资银行的性质存在显著差异,前者的基金性质决定了其投资模式主要是股权投资,而亚洲基础设施投资银行则主要是通过发放贷款、投资债券等方式。另外,丝路基金的投资领域也与亚洲基础设施投资银行存在差异。丝路基金的投资不限于亚洲,可以围绕"一带一路"沿线所有国家和地区展开合作项目,亚洲基础设施投资银行则主要面对亚洲经济体,其贷款投资的地域分布恰好印证了这点。

丝路基金的投资地域遍及亚洲、欧洲和北美等地区和国家。欧洲投资银行的欧洲投资基金和丝路基金于 2017 年 6 月签署了谅解备忘录,承诺共同投资 5 亿欧元,各出资 2.5 亿欧元[①]。2015 年 9 月,中国宣布投资 3 150 亿欧元支持欧洲投资计划(或称为"Juncker Plan")以促进整个欧盟的投资发展,中国成为第一个支持欧洲投资计划的非欧盟国家[②]。丝路基金与欧洲投资基金之间的协议兑现了这一承诺。

此外,丝路基金还与欧洲复兴开发银行、塞尔维亚政府以及法国、德国和意大利的公司和基金签署了投资协议[③]。这表明,越来越多的欧洲公司、政府和机构正在利用中国的"一带一路"倡议基金为自己的项目提供资金。此外,金融一体化已经超越了基础设施融资的范围。一个典型的例子是丝路基金与法国金融公司之间达成的一项协议,即启动一项专注于技术、医疗保健或环境保护等行业

---

① 中欧共同投资基金成立并投入实质性运作 [OL]. 中国经济网, http://www.ce.cn/xwzx/gnsz/gdxw/201807/16/t20180716_29762688.shtml.

② 商务部:一带一路倡议对接欧盟 3 150 亿欧元战略投资计划 [OL]. 中国经济网, http://district.ce.cn/newarea/roll/201507/08/t20150708_5872287.shtml.

③ Silk Road Fund (2017a). From http://www.silkroadfund.com.cn/enweb/23775/23767/index.html.

的投资基金①。随着欧洲寻求加强其金融安全,与"一带一路"倡议相关的资金在越来越多的行业中受到欢迎(Pardo,2018)。

中国—中东欧投资合作基金(The China-CEE Investment Cooperation Fund)是"一带一路"倡议下为欧洲提供资金投资的又一机构,该基金正式成立于2013年11月,匈牙利进出口银行是中国—中东欧共同投资合作基金的合作伙伴之一②。该基金已经投资了中欧和东欧的基础设施和能源项目③。该基金的成立有助于增强中国与中东欧国家之间的相互信任。因此,中国与中东欧地区的相关国家于2016年11月成立了一家金融控股公司,管理着规模为100亿欧元的中东欧基金。该基金由中国工商银行(ICBC)牵头,旨在投资基础设施,以及其他行业,例如高科技制造业④。

专门研究欧洲投资安全的研究指出,丝路基金与欧洲投资基金等机构的合作表明,中国为欧洲提供投资资金可以减少部分欧洲国家对欧盟投资的依赖(Pardo,2018)。此外,欧洲的一些国家对欧盟在2008年全球金融危机中的反应表示出不满,欧洲怀疑论(Euroscepticism)也有所增加(Rohrschneider and Whitefield,2016)。因此,接受"16+1"框架和"一带一路"倡议对于这些欧洲国家而言也部分是出于政治动机的驱动(Vangeli,2017)。总之,这些合作深刻体现出中国作为国际资本供给方的地位,也印证了中国正积极推进对外开放。在此过程中,中国表现出了与世界其他经济体积极合作的态度,本着互利共赢的合作理念,推进全球化进程的深化。在中国与世界其他经济体的合作过程中,将外汇储备注资丝路基金,是对主权财富实施积极管理的体现。根据前面实证研究的测算结果可知,中国外汇储备规模在应对各种国际收支冲击方面,是相对充足的,注资丝路基金体现了外汇储备的创新运用。

---

① Silk Road Fund (2017b) News and press releases. From http://www.silkroadfund.com.cn/enweb/23809/23812/32910/index.html.

② China-CEE Investment Cooperation Fund (2016a). Introduction of the fund. From http://china-cee-fund.com/Template/background_ 9.html.

③ China-CEE Investment Cooperation Fund (2016b). Deals done. From http://china-ceefund.com/Template/Condition_ 14.html.

④ ICBC (2016). China-Central and Eastern European Fund officially established during Riga "16+1" summit. From http://www.icbc.com.cn/icbc/en/newsupdates/icbc% 20news/ChinaCentralandEasternEuropeanFundOfficiallyEstablishedduringRiga161Summit.htm.

二、支持亚洲区域外汇储备库

(一) 区域外汇储备库成立的背景

如前所述,部分欧洲经济体积极寻求与丝路基金合作以降低对欧盟投资的依赖,亚洲经济体在21世纪初开始就提出了亚洲地区货币合作机制,目的是在亚洲区域内通过货币合作减少对国际货币基金组织的依赖。

1. 亚洲货币合作的进展。

1997~1998年亚洲金融危机之后,随着亚洲国家对协调性金融自助措施的需求,出现了"ASEAN+3"的金融合作①。亚洲金融危机表明,东亚经济体的金融系统发展相对于实体部门而言一直落后。金融部门的不发达是由以下几个原因引起的:对银行中介融资的严重依赖以及长期信贷不足、对外部冲击的高度脆弱性、薄弱的区域债券市场和不成熟的资本市场等。区域金融合作通过更好地分配金融资源可以有效分散风险,并最终促进区域经济增长。

东亚的区域金融合作是伴随着逐步的金融自由化、不断增加的跨境资本流动、建立区域金融安排以及发展本国货币债券市场等产生的。区域金融合作体现在各个方面:清迈倡议多边化(the Chiang Mai Initiative Multilateralization,CMIM)、东盟+3宏观经济研究室(ASEAN+3 Macroeconomic Research Office,AMRO)和亚洲债券市场倡议(the Asian Bond Market Initiative,ABMI)等(Park,2014)。

清迈倡议(CMI)的货币掉期安排满足了区域金融安全网的需求,该计划包括东盟+3成员国之间的双边货币掉期安排网络。清迈倡议多边化的目标是提高紧急流动性支持的效力,CMIM于2010年3月24日生效。CMIM承诺以单一合约下的货币掉期形式向成员国提供美元流动性,而不是以双边货币掉期形式,来应对危机期间的短期流动性短缺和国际收支困难。但是,从某种意义上讲,

---

① "东南亚国家联盟"(The Association of Southeast Asian Nations,ASEAN)成立于1967年,包括10个国家:文莱、柬埔寨、印度尼西亚、老挝、马来西亚、缅甸、菲律宾、新加坡、泰国、越南。ASEAN+3即东南亚国家联盟与中国、日本、韩国。

第六章 超额外汇储备助推实体经济之路径二：服务中国对外开放战略大局

CMIM 最初是区域危机解决设施的安排，在危机触发事件（即宏观经济状况已经恶化）后采取补救措施。这使得东盟＋3 金融合作通过引入预防危机扩展了 CMIM 用作应对金融风险的区域防火墙。危机预防功能的结构包括 CMIM 的两个跟踪操作：CMIM 稳定设施（CMIM-SF）危机解决机制和用于预防危机的 CMIM 预防专线（CMIM-PL）。也就是说，通过强调其预防动机，将危机预防功能增强到 CMIM 的现有危机解决功能。

与区域宏观经济监督一样，在 CMIM 框架内也做出了具有创新性的努力，即建立名为"东盟＋3 宏观经济研究室"（AMRO）的新监督部门。其任务包括监测潜在的宏观经济风险脆弱性、跟踪宏观经济状况和金融市场的主要趋势，以及促进区域政策对话。同样重要的是确保 CMIM 的潜在接收国遵循适当的还款条件（Park，2014）。"东盟＋3 宏观经济研究室"（AMRO）于 2011 年 4 月在新加坡成立，开展区域宏观经济监督活动，以补充国际货币基金组织第四条磋商的全球监督任务；2016 年 2 月，"东盟＋3 宏观经济研究室"转变为国际组织。

具体地，AMRO 专注于三个核心职能：进行宏观经济监督、支持 CMIM 的实施以及向成员提供技术援助。对于监督工作，AMRO 的工作重点是进一步加强对国家的监督，加强区域监督；制定全面的监测框架和分析工具包；加强有关职能和部门监督以及专题研究的工作。为了支持 ASEAN＋3 成员实施 CMIM，AMRO 的工作重点是向成员提供支持，以确保 CMIM 做好运行准备。同时，AMRO 向成员提供技术援助，以增强其在宏观经济监督和实施 CMIM 方面的人员和机构能力。AMRO 的技术援助以借调、咨询、研究和培训计划的形式提供。AMRO 主办、共同组织和参加有关宏观经济和金融问题的区域和全球活动，并加强与同行国际组织、学术机构和私营部门的合作伙伴关系[①]。

亚洲金融危机部分归因于整个区域对银行中介融资的过度依赖，这导致了货币和期限不匹配。作为对这种双重失配的区域性回应，亚洲债券市场倡议（the Asian bond market initiative，ABMI）于 2003 年获得批准，以开发具有流动性的本地货币债券市场。为了促进东亚的本币债券市场，必须保证债券投资具有足够的信用等级。因此，重要的一点是发行人信用等级与投资者的最低信用要求之间的

---

① 关于 AMRO 职能的论述，来自 AMRO 官方网站。

信用质量差距。为了弥补这一缺口,应建立信用担保机制,以扫清发展本币债券市场的障碍,并增强投资者对本币融资的信心,信用担保和投资基金(the credit guarantee investment facility,CGIF)于 2010 年 11 月成立。

信贷担保投资基金的成立,旨在促进金融稳定并促进该地区的长期投资。信用担保投资基金将为东盟+3 国家的投资级公司发行的以当地货币计价的债券提供担保。该基金已从亚行、东盟、中国、日本和韩国获得了 7 亿美元的注资。这样的担保将使公司更容易发行期限更长的地方债券。这将有助于减少造成 1997~1998 年亚洲金融危机的货币和期限错配,并使区域金融体系对动荡的全球资本流动和外部冲击更具弹性。

2. 清迈倡议多边化的局限性。

首先,清迈倡议多边化能够提供的资金规模有限。尽管在 2014 年清迈倡议多边化协议的资金规模翻倍,但从相对规模的角度来看,这样的资金规模是非常有限的。2 400 亿美元相对于 2012 年东盟 10+3 的外汇储备而言,不足其 5%。因此,当东盟 10+3 某经济体发生国际收支危机时,通过清迈倡议多边化协议解决国际收支危机也许是杯水车薪。

其次,动用清迈倡议多边化协议的额度可能会引发"污名效应"(stigma effect)。在某经济体需要紧急短期流动性时,若动用清迈倡议多边化的额度,可能会产生污名效应;事实上,在使用 IMF 的预防性贷款机制时,也会产生污名效应。因此,对亚洲区域金融安排的要求应该做到最大限度地减少污名效应的后果。否则,东亚经济体将会选择替代工具,例如与美联储进行货币互换协议,而放弃其在 CMIM 可以使用的额度。

全球金融危机之后,一些东亚国家遭受了流动性短缺。但是,需要注意的是,没有国家激活其在 CMIM 的额度。例如,韩国和新加坡于 2008 年末在金融市场遇到严重的流动性困难,但它们与美联储进行了货币掉期安排,而不是利用 CMIM 提供的区域贷款工具。帕克(Park,2014)指出,韩国之所以选择与美联储签署货币互换协议是因为韩国政府可能会担心从 CMIM 借来的紧急流动资金会给韩国市场带来污名化,从而加剧市场参与者对经济状况严峻性的担忧。因此,东亚区域金融合作在未来的阶段必须设计出某种机制以尽量减少污名化的影响,当然,完全消除这种污名化是不可能的。

（二）亚洲区域外汇储备库的资金来源及使用约束

亚洲区域外汇储备库正式成立于 2009 年，资金池共同外汇储备基金规模从 2009 年的 1 200 亿美元增加到 2014 年的 2 400 亿美元，各成员的出资额及投票权占比详见表 6.1。

表 6.1　　　　　　　　CMIM 各成员贡献及投票权分布

国家（地区）		资金份额		乘数	最大货币互换额度	总投票权	
		十亿美元	占比（%）		十亿美元	投票数量	占比（%）
中国	中国（不含香港）	68.40	28.50	0.5	34.20	71.60	25.43
	香港	8.40	3.50	2.5	6.30	8.40	2.98
日本		76.80	32.00	0.5	38.40	80.00	28.41
韩国		38.40	16.00	1	3.40	41.60	14.77
印度尼西亚		9.104	3.793	2.5	22.76	12.304	4.369
泰国		9.104	3.793	2.5	22.76	12.304	4.369
马来西亚		9.104	3.793	2.5	22.76	12.304	4.369
新加坡		9.104	3.793	2.5	22.76	12.304	4.369
菲律宾		9.104	3.793	2.5	22.76	12.304	4.369
越南		2.00	0.833	5	10.00	5.20	1.847
柬埔寨		0.24	0.100	5	1.20	3.44	1.222
缅甸		0.12	0.050	5	0.60	3.32	1.179
文莱		0.06	0.025	5	0.30	3.26	1.158
老挝		0.06	0.025	5	0.30	3.26	1.158
总计		240.00	100.00		243.50	281.60	100.00

资料来源：ARMO 官方网站。

从资金来源的分布来看，在亚洲区域外汇储备库中，中国、日本和韩国的出资比例为 80%，东盟十国的出资比例为 20%。对于中国和日本而言，两国的出资均占资金总规模的 32%，因此，中国和日本是亚洲区域外汇储备库的最大出资国。从中国近年来的外汇储备规模来看，684 亿美元的外汇储备出资额占中国外汇储备规模的 2% 左右。

从资金的使用约束角度来看，各国在出资额的基础上需要受到借款乘数的约束。以日本为例，日本在亚洲区域外汇储备库的出资额为 768 亿美元，在乘数为 0.5 的约束下，日本能够动用的最大货币互换额度为 384 亿美元。另外，尽管 CMIM 掉期工具完全由东盟+3 个成员国提供资金，但清迈倡议多边化基金最初的设想是按国际货币基金组织（IMF）的管理方式对基金进行管理，初期各国对基金使用额度的 80% 须符合 IMF 的贷款条件，后期该比例下调为 70%。引入与 IMF 贷款条件相关的条款目的在于防止潜在的道德风险问题。但是，这样的基金使用条款可能会引起副作用。例如，建立 70% 的与 IMF 贷款条件相关的约束会减少无 IMF 附加条件的流动性支持的可用规模，掉期请求方只能使用占其额度 30% 的资金。因此，与 IMF 相关的 70% 的约束条款被认为是限制成员国使用 CMIM 额度的重要原因。

（三）亚洲区域外汇储备库的功能

亚洲区域外汇储备库的功能主要体现在以下几个方面：

第一，解决区域内经济体的短期资金流动困难。东亚地区是世界上持有美元储备最多的国家，中国在 2006 年超过日本成为持有外汇储备最多的经济体；东亚地区庞大的外汇储备规模为建立亚洲区域外汇储备库提供了可能性。1997~1998 年的东南亚金融危机使东亚各国进一步加强了对防范短期资本流动困难的重视。而亚洲区域外汇储备库的建立是亚洲地区为应对国际金融危机引起的流动性短缺而采取的联合行动。亚洲区域外汇储备库是对已有国际援助方式的有力补充。

第二，为保证亚洲区域外汇储备库的正常运转，需要对各经济体的金融稳定状况进行跟踪和监测，因此，亚洲区域外汇储备库还能够起到危机预警的功能。如前所述，东盟+3 宏观经济研究室作为新的监督部门，其任务包括监测成员国潜在的宏观经济风险脆弱性，跟踪成员国的宏观经济状况和金融市场的发展状况，通过进行宏观经济监测和支持实施区域金融安排，为区域内的宏观经济和金融稳定做出贡献。

三、支持中国企业"走出去"

作为主权财富基金，中国投资有限责任公司（以下简称"中投公司"）在对外投资过程中积极实现外汇资金多元化投资，中投公司积极参与"一带一路"建设，先后搭建中美、中日双边基金，助力跨境投资和国际合作。

从投资业绩上来看，截至 2018 年 12 月 31 日，中投公司过去十年累计年化净收益率为 6.07%（业绩均以美元计算）；在 2008~2018 年，年度净收益率的最高值出现在 2017 年，达到 17.59%，年度净收益率的最低值出现在 2011 年，为 -4.3%①。除了经由主权财富基金直接管理的外汇储备资产，其他企业的对外投资则可能涉及经由人民币兑换成外币后投资于境外。为了进一步促进跨境贸易投资便利化，2019 年 10 月，国家外汇管理局公布了进一步优化外汇管理政策的措施，旨在便利市场主体合规办理外汇业务，降低外贸企业使用外汇资金的成本，提高外汇资金使用效率。

（一）中国对外直接投资的发展现状

作为对外投资的重要途径之一，对外直接投资状况可以反映一国融入世界经济的程度。根据联合国贸易和发展会议（United Nations Conference on Trade and Development，UNCTAD）统计的数据可知（见图 6.1），中国的对外直接投资在近年来持续攀升。2001 年中国对外直接投资接近 70 亿美元，2013 年首次突破 1 000 亿美元达到 1 078 亿美元，2016 年达到历史最高值（1 961 亿美元）②。就资本流出而言，自 2014 年起中国成为新兴经济体中最重要的母国（home country）。

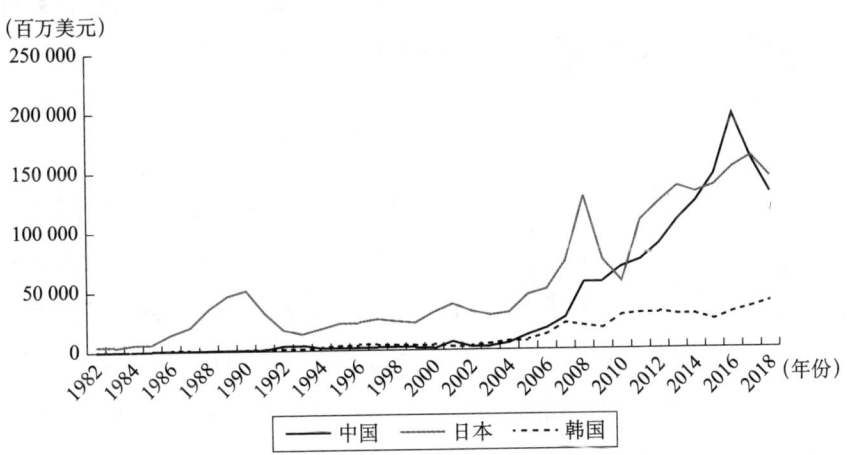

图 6.1　1982~2018 年中日韩对外直接投资现状

资料来源：联合国贸易和发展会议官方网站③。

---

① 中投公司投资业绩数据来自其官方网站，http://www.china-inv.cn/china_inv/Investments/Portfolio_Management.shtml.
② 2016 年日本对外直接投资规模为 1 513 亿美元。
③ 网站地址：https://unctadstat.unctad.org/wds/TableViewer/tableView.aspx.

对于如此大规模的对外直接投资，有研究指出，其中很大一部分对外投资旨在寻求外部资源。随着中国经济的快速增长，对中国缺乏的矿产资源、石油资源等需求量会大幅度上升。另外，支持对外贸易的外国直接投资很重要，其反映出该国在国际出口中的领导作用。与此相关的还有通过直接投资（而不是贸易）进入国际市场的愿望，包括保护中国出口商免受可能的贸易壁垒。值得注意的是，鉴于劳动力成本的上升，尤其是沿海省份劳动力成本的上升，对外投资项目旨在提高投资效率，降低生产成本。最后，还有许多具体因素对推动对外直接投资产生作用，包括将资金调回国内（例如受益于双边投资条约的保护）、税收降低（或避免税收）（Sauvant and Nolan，2015）。

根据《2018年度中国对外直接投资统计公报》的相关数据可知，中国对外直接投资的行业分布从建筑业、金融保险业扩展到汽车、食品、电子设备等加工贸易产业，但仍然表现出行业集中的特点，以2018年对外直接投资的行业分布为例，对外直接投资主要集中于租赁和商务服务业，占比达到35.3%①。伴随着国务院2015年颁布的《关于推进国际产能和装备制造合作的指导意见》，中国对外投资在国际产能合作与装备制造合作方面有序推进，2018年流向装备制造业的投资占制造业投资总额的59.7%（段小梅、李晓春，2 020）。

（二）支持中国企业"走出去"的相关举措

1. 全球治理层面的举措——"一带一路"倡议为企业提供投资机会。

在助力中国企业"走出去"的措施中，"一带一路"倡议可以被视为中国企业"走出去"能够依托的全球治理层面的有利举措。"一带一路"倡议为中国企业"走出去"提供了宏观方向，同时也践行了中国提出的"人类命运共同体"的理念。"一带一路"经济体的共同发展离不开微观企业对跨国经济活动的积极参与，"一带一路"倡议也为中国企业对外投资创造了更多机遇。

正如前所述，围绕"一带一路"倡议，不仅有中投公司这样的主权财富基金积极为"一带一路"倡议搭建投融资平台，更有国内的私营企业积极参与国际经济合作。"一带一路"倡议为中国的国有企业和民营企业提供了更多对外投

---

① 段小梅，李晓春. 中国对外投资：发展历程、制约因素与升级策略 [J]. 西部论坛，2020 (2).

资的机会。

2. 国内层面的举措——引领企业"高质量发展"。

2017年8月,国务院办公厅转发国家发展改革委、商务部、人民银行、外交部《关于进一步引导和规范境外投资方向的指导意见》,该意见旨在加强对境外投资的宏观指导,引导和规范境外投资方向,推动境外投资持续合理有序健康发展①。该指导意见指明了鼓励开展境外投资方向。鼓励开展的境外投资方向包括有利于"一带一路"倡议的基础设施投资,能够带动优势产能、优质装备的境外投资等;该指导意见颁布的目的是引导和促进企业有序开展境外投资,防范境外投资风险,实现与投资目的国的互利共赢。

2017年11月,国家发展改革委印发了《关于加强对外经济合作领域信用体系建设的指导意见》,该指导意见的目的在于"加快对外经济合作领域信用记录建设,推动信用信息共享应用,建立失信联合惩戒机制,有效规范对外经济合作秩序和参与者行为"②。

2018年1月,商务部等七部门共同发布了《对外投资备案(核准)报告暂行办法》,该办法一是建立了"管理分级分类、信息统一归口、违规联合惩戒"的对外投资管理模式,二是明确对外投资备案(核准)按照"鼓励发展+负面清单"进行管理,三是明确对外投资备案(核准)实行最终目的地管理原则,四是明确"凡备案(核准)必报告"原则,五是明确了对外投资事中事后监管的主要方式,进一步完善对外投资管理制度③。

2018年12月,国家发改委等部门印发了《企业境外经营合规管理指引》,旨在推动企业持续提升合规管理水平。2019年9月,商务部等19部门联合印发了《商务部等19部门关于促进对外承包工程高质量发展的指导意见》,该指导意见的目标是"实现对外承包工程规模和全球市场份额稳中有升,结构逐步优化""建立一套完善、规范、科学的对外承包工程管理体制机制,促进服务有效、监

---

① 国务院办公厅转发《关于进一步引导和规范境外投资方向的指导意见》. 人民政府网,2017 - 8 - 18,http://www.gov.cn/xinwen/2017 - 08/18/content_ 5218720.htm.
② 多部门关于加强对外经济合作领域信用体系建设的指导意见 [OL]. 人民政府网,2017 - 11 - 29,http://www.gov.cn/xinwen/2017 - 11/29/content_ 5243050.htm.
③ 商务部合作司负责人解读《对外投资备案(核准)报告暂行办法》[OL]. 商务部对外投资和经济合作司官网,2018 - 1 - 25,http://hzs.mofcom.gov.cn/article/zcfb/b/201801/20180102703963.shtml.

管保障有力、便利化水平大幅提升""为推动构建人类命运共同体作出积极贡献"①。

除了近年来颁布的各项对外投资指引性措施外,值得注意的是,国家外汇管理局于 2019 年 10 月发布了《关于进一步促进跨境贸易投资便利化的通知》(以下简称《通知》),《通知》推出了 12 项跨境贸易投资便利化政策措施,旨在深入推进"放管服"改革,提升外汇管理服务实体经济的能力和水平,促进跨境贸易投资便利化。该《通知》主要包括扩大贸易外汇收支便利化试点,原有的货物贸易外汇收支便利化试点地区包括粤港澳大湾区、上海和浙江试点,本次改革试点地区将扩大至条件成熟的其他地区。在跨境投资方面,"取消非投资性外商投资企业资本金境内股权投资限制";在资本项目方面,"扩大资本项目收入支付便利化试点""放宽资本项目外汇资金结汇使用限制""取消资本项目外汇账户开户数量限制"②。

无论是各项对外投资指引性文件,还是促进跨境贸易投资便利化的政策措施,其目的都是规范企业的跨境贸易、投资行为,防范和降低跨境经营风险。从整个中国对外开放战略大局角度来看,助力中国企业"走出去"的目标是实现"互利共赢",促进全球经济一体化。

---

① 商务部等 19 部门关于促进对外承包工程高质量发展的指导意见 [OL]. 商务部官网,2019 – 9 – 20,http://www.mofcom.gov.cn/article/i/jyjl/k/201909/20190902900797.shtml.

② 国家外汇管理局关于进一步促进跨境贸易投资便利化的通知 [OL]. 国家外汇管理局官网,2019 – 10 – 25,http://www.safe.gov.cn/safe/2019/1025/14469.html.

参考文献

[1] 陈婧,胡渊文. 政府开支增长若持续比收入快,国家预算平衡将面对挑战 [N]. 联合早报,2018-01-22.

[2] 陈小鼎. 区域公共产品与中国周边外交新理念的战略内涵 [J]. 世界经济与政治,2016 (8): 37-55+157-158.

[3] 陈雨露,马勇. 宏观审慎监管:目标、工具与相关制度安排 [J]. 经济理论与经济管理,2012 (3): 5-15.

[4] 陈志武. 金融的逻辑2:通往自由之路 [M]. 上海:上海三联书店,2018,7,25-26.

[5] 邓菁,肖兴志. 高新技术产业高质量发展的财政扶持策略研究 [J]. 经济与管理研究,2019 (11): 96-111.

[6] 邓小平. 邓小平文选(第三卷) [M]. 北京:人民出版社,1993,368.

[7] 邓小平. 建设有中国特色社会主义 [M]. 北京:人民出版社,1984,77.

[8] 段小梅,李晓春. 中国对外投资:发展历程、制约因素与升级策略 [J],西部论坛,2020 (2): 109-124.

[9] 段小茜. 金融稳定界定:定义、内涵及制度演进 [J]. 财经科学,2007 (1): 1-9.

[10] 管涛,王春红. 对中国资本外逃规模测算方法的思考 [J]. 金融研究,2000 (12): 110-116.

[11] 国家外汇管理局. 国家外汇管理局年报 [R]. 2017.

[12] 韩鑫,杨昊,寇江泽,任江华,魏哲哲,姚雪青. 让创新成为驱动发

展新引擎 [N]. 人民日报, 2019 - 03 - 08 (11).

[13] 何帆, 陈平. 外汇储备的积极管理: 新加坡、挪威的经验与启示 [J]. 国际金融研究, 2006 (6): 4 - 13.

[14] 黄启才. 我国战略性新兴产业的国际地位及升级策略 [J]. 经济纵横, 2013 (8): 55 - 59.

[15] 黄群慧. 论新时期中国实体经济的发展 [J]. 中国工业经济, 2017 (9): 5 - 24.

[16] 金碚. 国际金融危机下的中国工业 [J]. 中国工业经济, 2010 (7): 5 - 13.

[17] 李寒湜, 王大树, 易昌良. "一带一路" 背景下中国能源产业竞争力的提升 [J]. 新视野, 2016 (4): 112 - 117.

[18] 李庆云, 田晓霞. 中国资本外逃的影响因素 [J]. 世界经济, 2000 (9): 3 - 9.

[19] 李曦晨, 张明, 朱子阳. 中国跨境资本流动的驱动因素: 多维度分析与结构性变化 [R]. 北京: 中国社会科学院世界经济与政治研究所, 2017.

[20] 李扬. "金融服务实体经济" 辨 [J]. 经济研究, 2017 (6): 4 - 16.

[21] 梅诗晔, 刘林青. 技术密集型制造业经济复杂性——国际比较及影响因素 [J]. 工业技术经济, 2018 (11): 112 - 119.

[22] 彭兴韵, 王伯英. 跨境资本流动与宏观审慎管理 [J]. 中国金融, 2016 (15): 45 - 47.

[23] 权衡. 对外开放四十年实践创新与新时代开放型经济新发展 [J]. 世界经济研究, 2018 (9): 3 - 9.

[24] 全毅. 改革开放 40 年中国对外开放理论创新与发展 [J]. 经济学家, 2018 (11): 5 - 12.

[25] 宋文兵. 中国的资本外逃问题研究: 1987 - 1997 [J]. 经济研究, 1999 (5): 39 - 48.

[26] 涂圣伟, 蓝海涛. 金融危机下我国农业发展的思路及对策 [J]. 宏观经济管理, 2010 (1): 57 - 64.

[27] 万淑贞, 葛顺奇. 中国知识产权保护的完善与外资高质量增长 [J].

国际经济合作, 2019 (5): 4-15.

[28] 王立荣, C. James Hueng. 金融市场压力的测度: 文献述评 [J]. 东北师大学报 (哲学社会科学版), 2018 (3): 64-70.

[29] 王毅. 坚定不移走和平发展道路 推动构建人类命运共同体 [N]. 人民日报, 2018-03-14 (15).

[30] 王玉主. 中国的国际社会理念及其激励性建构——人类命运共同体与"一带一路"建设 [J]. 当代亚太, 2019 (5): 4-29.

[31] 习近平. 深入理解新发展理念 [J]. 求是, 2019 (10).

[32] 习近平. 深入理解新发展理念 [J]. 社会主义论坛, 2019 (6): 4-8.

[33] 习近平. 习近平谈治国理政 (第二卷) [M]. 北京: 外文出版社, 2017: 199.

[34] 夏立平, 祝宇雷. 战略竞争背景下美国对华贸易威慑分析 [J]. 美国研究, 2020 (1): 9-26.

[35] 肖河, 徐奇渊. 国际秩序互动视角下的中美关系 [J]. 美国研究, 2019 (2): 107-129.

[36] 许和连, 栾江艺. 知识产权保护对我国外商直接投资的影响研究 [J]. 国际贸易问题, 2010 (1): 93-100.

[37] 于新东, 牛少凤, 于洋. 培育发展战略性新兴产业的背景分析、国际比较与对策研究 [J]. 经济研究参考, 2011 (16): 2-39.

[38] 余永定. 见证失衡: 双顺差、人民币汇率和美元陷阱 [M]. 北京: 生活·读书·新知三联书店, 2010: 127-128.

[39] 张广婷. 新兴市场国家跨境资本流动的驱动因素研究——基于因子分析法的实证分析 [J]. 世界经济研究, 2016 (10): 42-61.

[40] 张明, 肖立晟. 国际资本流动的驱动因素: 新兴市场与发达经济体的比较 [J]. 世界经济, 2014 (8): 151-172.

[41] 张明. 善用中国的外汇储备 [J]. 经济导刊, 2017 (5): 29-31.

[42] 张明. 中国面临的短期国际资本流动: 不同方法与口径的规模测算 [J]. 2011, 34 (2): 39-56.

[43] 张晓朴, 朱太辉. 金融体系与实体经济关系的反思 [J]. 国际金融研究, 2014 (3): 43-54.

[44] 张明. 中国面临的短期资本外流: 现状、原因、风险与对策 [J]. 金融评论, 2015 (3): 17-30.

[45] 张志敏, 何爱平. 对外经济发展方式转变: 理论阐释与路径选择 [J]. 经济与管理评论, 2015 (3): 23-28.

[46] 中共中央文献研究室, 习近平关于社会主义经济建设论述摘编 [M]. 北京: 中央文献出版社, 2017.

[47] Agnew J. The Territorial Trap: The Geographical Assumptions of International Relations Theory [J]. Review of International Political Economy, 1994, 1 (1): 53-80.

[48] Aizenman Joshua, Menzie D. Chinn, Hiro Ito. The Emerging Global Financial Architecture: Tracing and Evaluating New Patterns of the Trilemma Configuration [J]. Journal of International Money and Finance, 2010, 29: 615-641.

[49] Aizenman Joshua. A Modern Reincarnation of Mundell-Fleming's Trilemma [J]. Economic Modelling, 2019, 81: 444-454.

[50] Aizenman, Joshua, Chinn, Menzie D., Ito, Hiro. The "Impossible Trinity" Hypothesis in an Era of Global Imbalances: Measurement and Testing [J]. Review of International Economics, 2013, 21 (3): 447-458.

[51] Aizenman, J., and N. Marion. The High Demand for International Reserves in the Far East: What Is Going On? [J]. Journal of the Japanese and International Economies, 2009 (18): 370-400.

[52] Aizenman, J. and J. Lee. International Reserves: Precautionary Versus Mercantilist Views, Theory and Evidence [J]. Open Economy Review, 2007 (18): 91-214.

[53] Aizenman, J. Large Hoarding of International Reserves Accumulation in Emerging Global Economic Architecture [J]. The Manchester School, 2008 (76): 487-503.

[54] Alberola, E., A. Erce, J. M. Serena. International Reserves and Gross

Capital Flows Dynamics [J]. Journal of International Money and Finance, 2016 (60): 151 –171.

[55] Alfaro, Laura, Sebnem Kalemli-Ozcan, and Vadym Volosovych. Why Doesn't Capital Flow From Rich to Poor Countries? An Empirical Investigation [J]. The Review of Economics and Statistics, 2008, 90 (2): 347 –368.

[56] Ammer, J., and F. Cai. Sovereign CDS and Bond Pricing Dynamics in Emerging Markets: Does the Cheapest-to-Deliver Option Matter? [EB/OL]. Board of Governors of the Federal Reserve System, International Finance Discussion Papers, No. 912, 2007.

[57] Atish R. Ghosh, Jonathan D. Ostry, Charalambos G. Tsangarides. Shifting Motives: Explaining the Buildup in Official Reserves in Emerging Markets since the 1980s [EB/OL]. IMF working paper, No. 12/34, 2012.

[58] Bacchetta, Philippe, and Kenza Benhima. The Demand for Liquid Assets, Corporate Saving, and Global Imbalances [EB/OL]. CEPR Discussion Papers 9268, C. E. P. R. Discussion Papers, 2012.

[59] Bai, J., M. J. Fleming, and C. Horan. The Microstructure of China's Government Bond Market [EB/OL]. Federal Reserve Bank of New York Staff Reports, No. 622, 2013.

[60] Benigno G, Fornaro L. Reserve Accumulation, Growth and Financial Crises [J]. Social Science Electronic Publishing, 2012, 65: 473 –478.

[61] Ben-Bassat, A. and Gottlieb, D. Optimal International Reserves and Sovereign Risk [J]. Journal of International Economics, 1992, 33: 345 –362.

[62] Bianchi J., Hatchondo J. C., Martinez L., International Reserves and Rollover Risk [EB/OL]. IMF Working Paper, No. 13/33, 2013.

[63] Bianchi, Javier, Juan Carlos Hatchondo, and Leonardo Martinez. InternationalReserves and Rollover Risk [J]. The American Economic Review, 2018, 108 (9): 2629 –2670.

[64] Blanchard Jean-Marc F. China's Grand Strategy and Money Muscle: The Potentialities and Pratfalls of China's Sovereign Wealth Fund and Renminbi Policies [J].

The Chinese Journal of International Politics, 2011: 1 - 23.

[65] Bocola, L., & Lorenzoni, G. Financial Crises and Lending of Last Resort in Open Economies [EB/OL]. National Bureau of Economic Research, No. w23984, 2017.

[66] Boucher D. Political Theories of International Relations—From Thucydides to the Present [M]. Oxford University Press, Oxford, 1998.

[67] Broner, F., T. Didier, A. Erce, S. L. Schmukler. Gross Capital Flows: Dynamics and Crises [J]. Journal of Monetary Economics, 2013, 60: 113 - 133.

[68] Bussière, Matthieu, Cheng, Gong, Chinn, Menzie D., Lisack, Noëmie. For a Few Dollars More: Reserves and Growth in Times of Crises [J]. Journal of International Money and Finance, 2015, 52: 127 - 145.

[69] Caballero R J, Farhi E, Gourinchas P O. An Equilibrium Model of "Global Imbalances" and Low Interest Rates [J]. American Economic Review, 2008, 98 (1): 358 - 393.

[70] Calvo G A, Leiderman L, Reinhart C M. CapitalInflows and Real Exchange Rate Appreciation in Latin America: the Role of External Factors [J]. Staff Papers, 1993, 40 (1): 108 - 151.

[71] Calvo, Guillermo A., Izquierdo, Alejandro, and Luis F. Mejía. Systemic Sudden Stops: The Relevance of Balance-Sheet Effects and Financial Integration [EB/OL]. NBER Working Paper 14026, 2008.

[72] Calvo, Guillermo A. Capital Flows and Capital-Market Crises: The Simple Economics of Sudden Stops [J]. Journal of Applied Economics, 1998, 1: 35 - 54.

[73] Calvo, Guillermo A. Contagion in Emerging Markets: When Wall Street is a Carrier. [M]. University of Maryland, 1999.

[74] Calvo, G. A., Izquierdo, A., and Loo-Kung, Rudy. Optimal Holdings of International Reserves: Self-Insurance Against Sudden Stop [EB/OL]. NBER Working Paper, No. 18219, 2012.

[75] Cheng Gong. A Growth Perspective on Foreign Reserve Accumulation [J]. Macroeconomic Dynamics, 2015, 19 (6): 1358 - 1379.

[76] Cheung Y W, Steinkamp S, Westermann F. China's Capital Flight: Pre-

and Post-crisis Experiences [J]. Journal of International Money & Finance, 2016, 66: 88 – 112.

[77] Cheung, Y.-W., and R. Herrala. China's Capital Controls: through the Prism of Covered Interest Differentials [J]. Pacific Economic Review, 2014, 19 (1): 112 – 34.

[78] Chinn, Menzie D. and Hiro Ito. What Matters for Financial Development? Capital Controls, Institutions, and Interactions. Journal of Development Economics, 2006, 81 (1): 163 – 192.

[79] Cowan, K., & Raddatz, C. Suddenstops and Financial Frictions: Evidence from Industry-level Data [J]. Journal of International Money and Finance, 2013, 32 (1): 99 – 128.

[80] Cruz, M., & Kriesler, P. International Reserves, Effective Demand and Growth [J]. Review of Political Economy, 2010, 22 (4): 569 – 587.

[81] C. W. Reykjavik. Iceland Bins Capital Controls-A Minnow Recovers [EB/OL]. The Economists, Jun 8th, 2015.

[82] Davis, E. P. A Typology of Financial Instability [EB/OL]. Financial Stability Report, Oesterreichische National Bank, Wenen. No. 2, 2002.

[83] Diaz-Alejandro, Carlos F. Good-bye Financial Repression, Hello Financial Crash [J]. Journal of Development Economics, February 1985, 19 (1 – 2): 1 – 24.

[84] Dominguez Kathryn M. E., Yuko Hashimoto, Takatoshi Ito. International Reserves and the Global Financial Crisis [J]. Journal of International Economics, 2012, 88: 388 – 406.

[85] Du, M. M. China's "One Belt, One Road" Initiative: Context, Focus, Institutions, and Implications [J]. The Chinese Journal of Global Governance, 2016, 2: 30 – 43.

[86] Durdu, C. B., Mendoza, E. G., and Terrones, M. E. Precautionary Demand for Foreign Assets in Sudden Stop Economies: An assessment of the New Mercantilism [J]. Journal of Development Economics, 2009, 89: 194 – 209.

[87] Eichengreen, B. J. and Gupta, P. D. Managing Sudden Stops [EB/OL].

Policy Research Working Paper Series 7639, World Bank, 2016.

[88] Enrique G. Mendoza. Sudden Stops, Financial Crises and Leverage: A Fisherian Deflation of Tobin's Q [EB/OL]. Board of Governors of the Federal Reserve System, International Finance Discussion Papers, No. 960, December 2008.

[89] Eyssell, T., H.-G. Fung, and G. Zhang. Determinants and Price Discovery of China Sovereign Credit Default Swaps [J]. China Economic Review, 2013, 24: 1 –15.

[90] Fleming, J. Marcus. Domestic Financial Policies under Fixed and under Floating Exchange Rates [EB/OL]. Staff Papers, 1962, 9 (3): 369 –380.

[91] Forbes K., Fratzscher M. and Straub R. Capital Flow Management Measures: What are They Good For? [EB/OL]. NBER Working Paper No. 20860, 2015.

[92] Forbes K. J., Warnock F. E. Capital Flow Waves: Surges, Stops, Flight, and Retrenchment [J]. Journal of International Economics, 2012, 88 (2): 235 –251.

[93] Forbes K. J. Why do Foreigners Invest in the United States? [J]. Journal of International Economics, 2010, 80 (1): 3 –21.

[94] Frankel, Jeffrey A. and George Saravelos. Are Leading Indicators of Financial Crises Useful for Assessing Country Vulnerability? Evidence from the 2008 – 09 Global Crisis [EB/OL]. NBER Working Papers 16047, National Bureau of Economic Research June 2010.

[95] Fratzscher M. Capital Flows, Push Versus Pull Factors and the Global Financial Crisis [J]. Journal of International Economics, 2012, 88 (2): 341 –356.

[96] Frenkel Jacob A. Jovanovic Boyan. Optimal International Reserves: A Stochastic Framework [J]. The Economic Journal, 1981, 91: 507 –514.

[97] Frenkel, Jacob A., and Richard M. Levich. Covered Interest Arbitrage: Unexploited Profits? [J]. Journal of Political Economy, 1975, 83 (2): 325 –338.

[98] Ghosh A. R., J. D. Ostry, C. G. Tsangarides. Shifting Motives: Explaining the Buildup in Official Reserves in Emerging Markets Since the 1980s [J]. IMF Economic Review, 2017, 65 (2): 308 –364.

[99] Ghosh A. R., Qureshi M. S., Kim J., Zalduendo Juan. Surges [J].

Journal of International Economics, 2014, 92 (2): 266 – 285.

[100] Gourinchas P O, Jeanne O. Capital Flows to Developing Countries: The Allocation Puzzle [J]. The Review of Economic Studies, 2013, 80 (4): 1484 – 1515.

[101] Grimes A. International Reserves under Floating Exchange Rates: Two Paradoxes Explained [J]. The Economic Record, 1993, 69: 411 – 415.

[102] Group of Ten. The G10 Report on Consolidation in the Financial Sector [EB. OL]. 2001.

[103] Gunter F R. Corruption, Costs, and Family: Chinese Capital Flight, 1984 – 2014 [J]. China Economic Review, 2017, 43: 105 – 117.

[104] Hakkio, C. S., and W. R. Keeton. Financial Stress: What Is It, How Can It Be Measured, and Why Does It Matter? [J]. Economic Review, Second Quarter, Federal Reserve Bank of Kansas City, 2009, 2: 5 – 50.

[105] Hedley Bull. The Anarchical Society [J]. Palgrave, Hampshire, 2002: 8 – 15.

[106] Heller H. Robert. Optimal International Reserves [J]. The Economic Journal, 1996, 76: 296 – 311.

[107] Hong H., and J. C. Stain. Differences of Opinion, Short-Sales Constraints and Market Crashes [J]. The Review of Financial Studies, 2003, 16 (2): 487 – 525.

[108] Hueng C. J. and J. B. McDonald. Forecasting Asymmetries in Aggregate Stock Market Returns: Evidence from Conditional Skewness [J]. Journal of Empirical Finance, 2005, 12 (5): 666 – 685.

[109] Hurvich C. M. C-L Tsai. Regression and Time Series Model Selection in Small Samples [J]. Biometrika, 1989, 76: 297 – 307.

[110] Jeanne Olivier. International Reserves in Emerging Market Countries: Too Much of a Good Thing? [J]. Brookings Papers on Economic Activity, 2007, 2007 (1): 1 – 79.

[111] Jeanne O. Rancière R. The Optimal Level of International Reserves for Emerging Market Countries: A New Formula and Some Applications [J]. The Economic Journal, 2011, 121: 905 – 930.

[112] Ju, Jiandong, and Wei, Shang-Jin. When is Quality of Financial System a Source of Comparative Advantage? [J]. Journal of International Economics, 2011, 84 (2): 178 – 187.

[113] Kaminsky, G. L. and Reinhart, C. M. The Twin Crises: The Causes of Banking and Balance-of-Payments Problems [J]. The American Economic Review, 1999, 89: 473 – 500.

[114] Karimi, K. & Atkinson, G. What the Internet of Things (IoT) needs to become a reality [R]. White Paper, Austin, 2013.

[115] Kubalkova P G. Asian Infrastructure Investment Bank: New Asian Opportunity or China's Hidden Strategy? [J]. China Quarterly of International Strategic Studies, 2015, 1 (4): 667 – 685.

[116] Kucera, D. & Milberg, W. Deindustrialisation and Changes in ManufacturingTrade: Factor Content Calculations for 1978 – 1995 [J]. Review of World Economics, 2003, 139: 601 – 624.

[117] Li, S., de Haan, J. and Scholtens, B.. Sudden Stops of International Fund Flows: Occurrence and Magnitude [J]. Review of International Economics, 2019, 27 (1): 468 – 497.

[118] Ma, G., and R. N. McCauley. Efficacy of China's Capital Controls: Evidence from Price and Flow Data [J]. Pacific Economic Review, 2008, 13 (1): 104 – 123.

[119] Maskus, K. E. Intellectual Property Rights in the Global Economy [R]. Peterson Institute, 2000.

[120] Matthieu Bussière, Gong Cheng, Menzie D. Chinn, Noëmie Lisack. For a Few Dollars More: Reserves and Growth in Times of Crises [J]. Journal of International Money and Fiance, 2015, 52: 127 – 145.

[121] McKinnon, R., and G. Schnabl. China's Financial Conundrum and Global Imbalances [EB/OL]. BIS Working Paper No. 277, 2009.

[122] Michael, B. Bringing Manufacturing Home: Implications for Emerging Economies of the Reindustrialisation of the Core OECD [R]. Skolkovo Policy Brief No. 13 – 06, Moscow., 2013

[123] Mishkin, F. S. Global Financial Instability: Framework, Events, Issues [J]. Journal of Economic Perspectives, 1999, 13 (4): 3-20.

[124] Nickell, S. , Redding, S. & Swaffield, J. The Uneven Pace of Deindustrialisation in the OECD [J]. The World Economy, 2008, 31: 1154-1184.

[125] Obstfeld Maurice, Jay C. Shambaugh and Alan M. Taylor. Financial Stability, the Trilemma, and International Reserves [J]. American Economic Journal: Macroeconomics, 2010, 2 (2): 57-94.

[126] Obstfeld, Maurice. Trilemmas and Trade-offs: Living with Financial Globalization [EB/OL]. BIS Working Papers, No 480, 2015.

[127] Obstfeld, M. International Liquidity: The Fiscal Dimension [EB/OL]. NBER Working Paper No. 17379, 2011.

[128] Ouyang, A. Y. , R. S. Rajan, and T. D. Willett. China as a Reserve Sink: The Evidence from Offset and Sterilization Coefficients [J]. Journal of International Money and Finance, 2010, 29: 951-972.

[129] Pardo Ramon Pacheco. Europe's Financial Security and Chinese Economic Statecraft: the Case of the Belt and Road Initiative [J]. Asia Europe Journal, 16: 237-250.

[130] Park Young-Joon. A Proposal for a New Regional Financial Arrangement: The Reserve Liquidity Line [EB/OL]. Korea Institute for International Policy Staff Paper, 2014: 14-06.

[131] Pierre-Olivier Gourinchas & Maurice Obstfeld. Stories of the Twentieth Century for the Twenty-First [J]. American Economic Journal: Macroeconomics, American Economic Association, 2012, 4 (1): 226-265.

[132] Popper, Helen, Mandilaras, Alex, Bird, Graham. Trilemma Stability and International Macroeconomic Archetypes [J]. European Economic Review, 2013, 64 (2): 181-193.

[133] Qian, Y. Do National Patent Laws Stimulate Domestic Innovation in a Global Patenting Environment? A Cross-Country Analysis of Pharmaceutical Patent Protection, 1978-2002 [J]. Review of Economics and Statistics, 2007, 89 (3):

9436-453.

[134] Quan V. L., Zakb P. J. Political Risk and Capital Flight [J]. Journal of International Money and Finance, 2006, 25 (2): 308-329.

[135] Reinhart C. M., Reinhart V. R. Capital Flow Bonanzas: An Encompassing View of the Past and Present [R]. NBER Working Paper No. 14321, 2008.

[136] Reinhart, Carmen M., and Rogoff, Kenneth S. Serial Default and the "Paradox" of Rich-to-Poor Capital Flows [J]. American Economic Review, 2004, 94 (2): 53-58.

[137] Rey, Hélène. Dilemma not Trilemma: The Global Financial Cycle and Monetary Policy Independence [R]. In Global Dimensions of Unconventional Monetary Policy, Jackson Hole Symposium Proceedings, 2013.

[138] Roberts Ivan, Graham White. Seasonal Adjustment of Chinese Economic Statistics [J]. Reserve Bank of Australia, Research Discussion Paper, 2015.

[139] Rohrschneider R, Whitefield S. Responding to Growing European Union-skepticism? The Stances of Political Parties Toward European Integration in Western and Eastern Europe Following the Financial crisis [J]. European Union Politics, 2016, 7 (1): 138-161.

[140] Rowthorn, R. & Coutts, K. Commentary: De-industrialisation and the Balance of Payments in Advanced Economies [J]. Cambridge Journal of Economics, 2004, 28: 767-790.

[141] Ruiz-Arranz M., Zavadjil M. Are Emerging Asia's Reserves Really Too High? [EB/OL]. IMF Working Paper, No. 08/192, 2008.

[142] Sauvant Karl P. and Nolan Michael D. China's Outward Foreign Direct Investment and International Investment Law [J]. Journal of International Economic Law, 2015, 18 (4): 893-934.

[143] Schinasi Garry J. Defining Financial Stability [EB/OL]. IMF Working Paper, WP/04/187, 2004.

[144] Schoenmaker, Dirk. Governance of International Banking: The Financial Trilemma [M]. Oxford, UK: Oxford University Press, 2013.

[145] Schwarcz, Steven L. Systemic Risk [EB/OL]. Duke Law School Legal Studies Paper No. 163; Georgetown Law Journal, 2008, 97 (1).

[146] Sirkin, H. L., Zinser, M. and Hohner, D. Made in America again: Why Manufacturing Will Return to the US [M]. Chicago: BCG, 2011.

[147] Song, Zheng, Kjetil Storesletten, and Fabrizio Zilibotti. Growing like China [J]. American Economic Review, 2011, 101 (1): 196–233.

[148] Steiner Andreas. Central Banks and Macroeconomic Policy Choices: Relaxing the Trilemma [J]. Journal of Banking and Finance, 2015, 77: 283–299.

[149] Taguchi, H. Monetary Autonomy in Emerging Market Economies: The Role of Foreign Reserves [J]. Emerging Markets Review, 2011, 12: 371–388.

[150] Tregenna, F. Characterising Deindustrialisation: An Analysis of Changes in Manufacturing Employment and GDP Internationally [J]. Cambridge Journal of Economics, 2009, 33: 433–466.

[151] Vangeli A. China's Engagement with the Sixteen Countries of Central, East and Southeast Europe under the Belt and Road Initiative [J]. China World Economy, 2017, 25 (5): 101–124.

[152] Wang Lirong and C. James Hueng. Domestic Financial Instability and Foreign Reserve Accumulation in China [J]. International Finance, 2019, 22 (2): 124–137.

[153] Wen, Yi. Making sense of china's excessive foreign reserves [EB/OL]. Working Paper Series, Federal Reserve Bank of St. Louis, 2011

[154] Wendt A. On Constitution and Causation in International Relations [J]. Review of International Studies 1998, 24 (5): 101–117.

[155] World Bank. World Bank report, World Bank, Washington, DC, 1985.